Thomas Hohensee

Das Gelassenheits- training

Wie wir Ärger, Frust und Sorgen
die Macht nehmen

kailash

Verlagsgruppe Random House FSC® N001967
Das für dieses Buch verwendete FSC®-zertifizierte Papier
Super Snowbright liefert Hellefoss AS, Hokksund, Norwegen.

1. Auflage
Originalausgabe
© 2014 Kailash Verlag, München,
in der Verlagsgruppe Random House GmbH
Lektorat: Ralf Lay, Mönchengladbach
Gestaltung des Umschlags und der Innenklappen: ki 36, Editorial Design,
München, Daniela Hofner
Satz: EDV-Fotosatz Huber/Verlagsservice G. Pfeifer, Germering
Druck und Bindung: GGP Media GmbH, Pößneck
Printed in Germany
ISBN 978-3-424-63088-6
www.kailash-verlag.de

Inhalt

Der Weg der Achtsamkeit

Das ABC der Gelassenheit

ACT: Das Mittel der Wahl

Zum Schluss 205

Nicht die Dinge selbst, sondern die Meinungen über dieselben beunruhigen die Menschen.

EPIKTET

Vorwort

Im Jahr 2004 erschien mein Buch »Gelassenheit beginnt im Kopf«. Über 100 000 Exemplare wurden bisher davon verkauft.

Im Internet haben sich meine LeserInnen sehr positiv geäußert:

»Für mich eines der besten Bücher zum Thema.«

»Endlich mal keine leeren Versprechungen.«

»Ich hab das Buch inzwischen schon dreimal verschenkt, weil ich so begeistert davon bin.«

»Super Ratgeber, der grundlegend verändern kann!«

»Dieses Buch hilft, das Leben leichter zu nehmen. Es ist einfach zu lesen, leuchtet schnell ein, und man wird wirklich entspannter.«

Es ist nicht einfach, alte Stressgewohnheiten aufzugeben. Umso mehr freue ich mich, dass so viele

LeserInnen die gewünschten Veränderungen erreicht haben.

Inzwischen glaube ich, dass es möglich ist, noch genauer zu beschreiben, wie man sich von Stress befreien kann. Deshalb habe ich mich entschlossen, einen Folgeband zum Thema zu schreiben. Die hier dargestellten Techniken vermittle ich täglich beim Coaching. Sie lassen sich auch sehr gut selbstständig trainieren.

Training ist der Schlüssel zur Gelassenheit. Es genügt nicht zu wissen, wie man in schwierigen Situationen »eigentlich« entspannt bleiben »könnte«. Man muss es tun.

Ich bin sicher, dass es Ihnen mit diesem neuen Buch noch besser gelingen wird, das Gelesene im Alltag anzuwenden. »Viel Glück!« passt deshalb nicht. Ich wünsche Ihnen:

Viel Gelassenheit!

Einleitung

Stress ist der große Gleichmacher. Reiche und Arme, Männer und Frauen, Junge und Alte: Jeder ist davon betroffen.

Gelassenheit kann man nicht kaufen. Sie wird einem nicht geschenkt. Weder bringt sie der Postbote noch kann sie die Ärztin verschreiben.

Es gibt nur einen einzigen Weg, sich von Stress zu befreien: indem man täglich Gelassenheit trainiert.

Jeder kann dies tun. Aber es ist nicht leicht. Viel einfacher ist es, allein die anderen und die äußeren Umstände dafür verantwortlich zu machen, dass man immer wieder gestresst ist.

Erst einmal muss man die Hindernisse, zum Beispiel die inneren Vorbehalte, gegen ein Gelassenheitstraining aus dem Weg räumen. Dann kann man beginnen, nach und nach gesündere Denk- und Verhaltensweisen zu entwickeln.

Die Belohnung ist dafür unschätzbar: ein entspanntes, glückliches Leben ohne den andauernden Ärger, den täglichen Frust und die ständigen Sorgen.

Selbsterkenntnis ist
der erste Schritt

Gelassen zu sein ist gar nicht so schwer. Jeder kann es, zeitweise. Aber was passiert, wenn man in sogenannte »Stresssituationen« gerät: eine eilige Terminsache zu erledigen hat, einen Wust von Aufgaben, die man unmöglich alle schaffen kann, die schwere Erkrankung einer geliebten Person oder Ähnliches? Was dann?

Kann man dann noch gelassen bleiben? Darf man es überhaupt? Will man es? Wird man nicht irgendwie unlebendig, wenn man gelassen bleibt in Momenten, wo andere an die Decke gehen?

Die Ambivalenz bei Gelassenheit und Stress ist dieselbe wie bei dem Versuch, das Rauchen aufzugeben oder weniger zu essen. Erst würde man alles in der Welt darum geben, nicht mehr zu rauchen oder schlank zu sein. Und wenn man es dann irgendwie geschafft hat, jammert man: Ach, wenn ich doch nur noch eine Zigarette rauchen dürfte. Oder: Die anderen dürfen Sahnetorte essen, nur ich nicht.

Tatsächlich hat Stress in unserer Gesellschaft die Züge einer Sucht angenommen. Man sucht den Kick, den Adrenalinrausch – und ist verzweifelt, wenn am Ende der Burn-out droht oder der Arzt empfiehlt, Tabletten gegen Bluthochdruck zu nehmen. Immer mehr, immer schneller, immer weiter auf Kosten der Gesundheit und des Seelenfriedens.

Wie kann man unter diesen Umständen dauerhaft gelassen bleiben, ohne einen Verlust an Vitalität hinnehmen zu müssen? Wäre es nicht reizvoll, den Herausforderungen des Alltags entspannt entgegenzutreten? Das Auf und Ab des Lebens gleichmütig zu ertragen, auch dann noch handlungsfähig zu bleiben, wenn andere bereits verzweifelt aufgeben und ihr Schicksal beklagen?

Wie kann dies gelingen? Muss man ins Kloster gehen? Dauergast in einem Spa werden? Den Beruf wechseln? Heilige zu seinen Freunden machen?

Ratschläge gegen Stress gibt es wie Sand am Meer. Das ändert nichts daran, dass immer mehr Menschen unter Stress leiden, eine pausenlose innere Unruhe entwickeln und sich nur noch schwer auf eine einzige Sache konzentrieren können.

Liegt die Lösung des Problems vielleicht näher, als man glaubt? Ist man möglicherweise nur ein paar Gedanken, einige Atemzüge von tiefem, innerem Frieden entfernt?

In diesem Buch stelle ich ein Trainingsprogramm vor, das es jedem ermöglicht, Gelassenheit zu einem dauerhaften Zustand zu machen, der selbst dann anhält, wenn das Leben einen vor große Probleme stellt.

Das Gelassenheitstraining bewirkt, nicht nur hin und wieder zu entspannen (ein paar Stunden am Wochenende oder im Urlaub), sondern mitten im Trubel des Alltags cool zu bleiben, egal, was kommt, und sich trotzdem lebendig zu fühlen, vielleicht sogar mehr als vorher.

»Das Gelassenheitstraining« enthält ein Drei-Punkte-Programm, das dafür sorgt, Stress abzubauen und anhaltend entspannt zu bleiben. Die verloren gegangene Gelassenheit kehrt zurück. Stressreaktionen bleiben in Zukunft aus.

Voraussetzung dafür ist allerdings ein tägliches Training. Niemand erwartet, körperlich fit zu sein, ohne sich regelmäßig zu bewegen. Genauso wenig ist es möglich, emotional fit zu sein, wenn man nichts dafür tut.

Den meisten fallen gesunde Verhaltensweisen schwer. Man denke ans Nichtrauchen oder Abnehmen. Zwar schaffen viele es, für einige Tage, Wochen oder Monate mit dem Rauchen aufzuhören. Aber dann kehren sie zu ihren alten Gewohnheiten zurück. Für kurze Zeit eine Diät zu machen: kein Problem. Danach bleibt aber alles beim Alten. Einige entschließen sich, ins Fitnessstudio oder zu einem Yogakurs zu gehen. Aber ein Leben lang?

Deshalb geht es in diesem Buch auch um die Frage, wie man ein Gelassenheitstraining durchführen kann, ohne dies als lästig oder einschränkend anzusehen.

Es genügt nicht, sich darüber zu informieren, wie man entspannter durch den Tag kommt. Die Voraussetzungen von Gelassenheit zu verstehen ist nur der erste Schritt. Neue Denk- und Verhaltensweisen zu lernen und beizubehalten, das ist die eigentliche Kunst.

Bevor man etwas ändern kann, muss man verstehen, wie man reagiert, damit Stress entsteht. Man muss sich beobachten. Erst wenn man weiß, was man tut, kann man Alternativen entwickeln. Vor die Veränderung haben die Götter die Selbsterkenntnis gesetzt.

Eine lange Reise von tausend Meilen

… beginnt mit dem ersten Schritt. Wohl wahr! Aber haben Sie sich einmal überlegt, wie es dann weitergeht?

Eine Meile, das sind 1,61 Kilometer. Nehmen wir einmal an, Sie hätten eine Schrittlänge von 50 Zentimetern. Dann bräuchten Sie für eine Reise von tausend Meilen 3 220 000 Schritte. Das ist eine ganze Menge!

Dass eine solch lange Reise mit einem einzigen Schritt beginnt, ist also nur die halbe Wahrheit. Die ganze Wahrheit ist, dass sie nur zurückgelegt werden kann, wenn man dem ersten Schritt weitere 3 219 999 folgen lässt.

Rechnen wir weiter: Wenn Sie täglich fünf Kilometer gehen, sind Sie in 322 Tagen am Ziel, bei zehn Kilometern am Tag bereits in 161 Tagen. Das ist für die meisten durchaus machbar. Darauf will das Zitat, das Laotse zugeschrieben wird, verweisen. Sich von der Länge des Wegs nicht entmutigen zu lassen, die Reise in Etappen aufzuteilen, den ersten Schritt zu tun und sich dem Ziel Stück für Stück zu nähern. Anders geht es nicht. Selbst ein Ultramann oder eine Eisenfrau schaffen tausend Meilen nicht an einem Tag.

Das Gelassenheitstraining ist sogar härter, weil es nie endet. Man kann Entspannung nicht wie eine Reise nach tausend Meilen abschließen. Jeden Tag aufs Neue beginnt die Aufgabe, die Ruhe zu bewahren, egal, was auf einen zukommen mag.

Aber ist ein Training, das Gelassenheit zum Ziel hat, überhaupt hart? Das wäre ein Widerspruch in sich. Wer gelassener werden will, hat die angenehmste, entspannteste und wohltuendste Reise vor sich, die man sich denken kann.

Ich will jedoch gleich zu Beginn klarstellen, dass viel Übung erforderlich ist, um anhaltende Entspannung zu gewinnen. Erst wollte ich sagen: Gelassenheit fällt Ihnen nicht in den Schoß. Aber das stimmt nicht. Für Entspannung brauchen Sie eigentlich nichts zu tun. Im Gegenteil: Sie hören einfach auf, sich zu verspannen, sich zu stressen und zu quälen. Dann stellt sich Ge-lassen!-heit von selbst ein.

Gelassenheit verstehen

Woran liegt es, dass nur wenige ein entspanntes Leben führen? Leider sind Stress und chronische Überlastung zu Gewohnheiten geworden, die man wie das Rauchen oder das übermäßige Essen nicht mehr ohne Weiteres loswird.

Die Einstellung zu Stress ist ambivalent. Man ist hin und her gerissen zwischen dem Adrenalinkick und dem Absturz in die Erschöpfung. Oft werde ich gefragt: »Aber verliere ich nicht meine Lebendigkeit, wenn ich nur noch gelassen bin?« Und: »Hat Stress nicht auch etwas Gutes?« Vernünftige, gesunde und gelassene Verhaltensweisen gelten als wenig attraktiv. Diese verbreitete, aber irrationale Denkweise ist ein Haupthindernis auf dem Weg zur Gelassenheit.

Ohne ein gutes Selbstwertgefühl ist es unmöglich, Entspannung zu lernen. Man muss es sich wert sein, sich von der ständigen Überforderung zu befreien. Außerdem braucht man die Überzeugung, Entspannung lernen zu können. Viele haben es wiederholt versucht, aber der Stress ist immer wieder zurückgekehrt. Man glaubt, nicht die nötige Zeit für ein Gelassenheitstraining zu haben oder generell unfähig zu sein, sich permanent zu entspannen. (»Ist das nicht ein Ding der Unmöglichkeit?«) Manche meinen auch, ihr Temperament lasse keine dauerhafte Entspannung zu.

Schließlich sind da noch diejenigen, die aus einer Trotzreaktion heraus lieber auf Gelassenheit verzichten: »Ich will überhaupt nicht gelassen sein! Warum soll ich mich die ganze Zeit entspannen?« – Stress als Ausdruck von Freiheit und Abenteuer? So wurden früher Zigaretten verkauft.

Selbstverständlich hat Gelassenheit ihre Grenzen. Es gibt Situationen, wo es wichtig ist, zu kämpfen oder zu flüchten.

Reden wir also über Stress

Stress ist die Kehrseite von Gelassenheit. Wir bewegen uns zwischen Anspannung und Entspannung, Drama und Komödie, schlechter und guter Laune.

Gestresste Menschen verlieren ihren Sinn für Humor, machen aus Mäusen Elefanten, dramatisieren Alltägliches und leiden unter ihren geistigen und körperlichen Verspannungen.

Meist fängt es ganz harmlos an. Man ignoriert die Signale des Körpers und des Geistes, mal eine Pause zu machen. Nach einiger Zeit kann man sich nicht mehr so gut konzentrieren, schläft schlechter und wird vergesslicher. Nichts, was einen sonderlich beunruhigen würde. Man ist halt nicht mehr so in Form wie sonst.

Danach passiert etwas, was meist missdeutet wird. Der gestresste Körper reagiert mit seinem Notfallprogramm. Er schüttet Hormone und Botenstoffe aus, um die Reserven zu mobilisieren. Der unerwartete Leistungsschub begeistert einen: »Na bitte! Geht doch!« Man fühlt sich vitalisiert, ist leicht euphorisch und glaubt, den inneren Schweinehund besiegt zu haben.

Menschen in dieser Stressphase wirken hyperaktiv. Sie sind leicht gereizt und ungeduldig. Manche glauben, die Welt drehe sich nur noch um sie und müsse alle ihre Wünsche erfüllen. Der besonnene Abstand zu sich selbst ist ihnen abhandengekommen. Sie nehmen die Realität zunehmend verzerrt wahr. Es fehlt die Zeit, die Tatsachen zur Kenntnis zu nehmen, und die Kraft, sie zu akzeptieren.

Obwohl das Umfeld – soweit es nicht selbst in dieser Stressphase lebt – ungünstige Veränderungen bei den Betroffenen wahrnimmt, fühlen sich diese subjektiv sehr gut. Sie merken nicht, wie aufgekratzt sie sind. Es erscheint ihnen inzwischen normal.

Das Notfallprogramm ist nur für eine begrenzte Zeit gedacht. Alle Körperfunktionen, die Angriff oder Flucht ermöglichen sollen, um danach wieder zur Ruhe zu kommen, sich zu erholen und die Reserven wieder aufzufüllen, sind bald erschöpft. Manche tanzen eine Weile auf dieser Welle, gönnen sich gerade so viel Erholung, dass sie den Zusammenbruch vermeiden und die Notfallsysteme von Körper und Geist gezielt nutzen. Man könnte aber auch sagen: missbrauchen.

Da die Gestressten merken, dass ihre Kräfte nachlassen, sind sie in dieser Phase besonders anfällig für legale und illegale Drogen, um ihre Leistungskraft wiederherzustellen. Leider wirken viele Ärzte dabei mit. Sie sind es selbst gewöhnt, mehrere Tage und Nächte hintereinander zu arbeiten. Ihre Leistungsbegriffe haben sich genauso verschoben wie die ihrer Patienten.

Nachdem die Reserven erschöpft sind, zeigen sich immer mehr körperliche und geistige Funktionsstörungen. Selten kommt es sofort zum völligen Zusammenbruch. Der Körper ist gnädig und hofft, dass der Mensch zur Vernunft kommt. Er sendet laufend stärkere Stresssignale, um die Umkehr und die dringend benötigte Erholung zu erzwingen.

In dieser Erschöpfungsphase sind die Betroffenen anfällig für Unfälle. Sie bekommen Gefahren, die sie sonst mühelos erkennen würden, nicht mehr mit. Subjektiv haben sie den Eindruck, das Unheil breche über sie herein. Außenstehende wundern sich weniger.

Die Liste der stressbedingten Krankheiten ist lang. Jedes Organ kann Symptome zeigen: das Gehirn, der Magen, der Darm, die Haut, die Atemwege und das Herz, der Kreislauf und so weiter. Wenn das Immunsystem in Mitleidenschaft gezogen ist, steigt die Neigung zu Grippe und Erkältungen, aber auch die Abwehr von anderen Viren und Bakterien kann herabgesetzt sein. Krebserkrankungen werden wahrscheinlicher.

Am Ende kann die Erschöpfung chronisch werden. Körper und Geist funktionieren nur noch in stark reduziertem Umfang. Es dauert lange, bis die Betroffenen sich erholen.

Werden die Alarmsignale längere Zeit völlig ignoriert, ist ein Zusammenbruch unvermeidlich. Im Extremfall tritt der Tod ein.

Ich weiß, dass manche die Auswirkungen von Stress nicht gerne hören. Aber es nutzt nichts, die Augen davor zu verschließen. Chronischer Stress ist kein Schicksal, sondern die Folge falschen Lebens. Jeder kann sich davor schützen. Ein Gelassenheitstraining ist leichter als ein Rehabilitationsprogramm. Meir Schneider, ein amerikanischer Gesundheitscoach, sagt es so: »Sie haben die Wahl. Entweder Sie wenden Ihre Zeit für Regeneration auf oder für Rehabilitation.«

Auf dem Adrenalintrip

Adrenalin ist ein natürlicher Muntermacher. Ursprünglich ist dieses körpereigene Hormon dazu gedacht, Energie zu mobilisieren, damit wir auf die Jagd gehen, uns verteidigen oder uns durch schnelles Wegrennen in Sicherheit bringen können. Herz und Kreislauf werden aktiviert, Magen und Darm ruhiggestellt, die Atmung beschleunigt, das Blut auf die Heilung von Verletzungen vorbereitet.

Der Anspannung folgt normalerweise die Entspannung. Dieses Zusammenspiel ist heute bei vielen gestört. Die Ausschüttung von Adrenalin hat die Form eines leistungssteigernden Dopingmittels angenommen. Die Anforderungen im Beruf sind immer weiter gestiegen, sodass ein kleiner Adrenalinstoß vielen durchaus willkommen ist. Es fällt ihnen dann leichter, die übertriebenen Leistungsanforderungen am Arbeitsplatz zu erfüllen.

Auch in der Freizeit suchen viele Menschen die Aufregung. Sie sehen und lesen Thriller, spielen Videospiele, bei denen sie permanent unter hoher Erregung stehen, oder fahren Achterbahn. Sie puschen sich durch extrem laute und rhythmische Musik und grelle Lichtblitze.

Das Adrenalin sorgt für ein Leistungs- und Stimmungshoch. Man möchte sich überhaupt nicht mehr entspannen, weil man sich so gut, so lebendig fühlt. Jedenfalls kommt einem das nach einiger Zeit so vor. Die erste Zigarette schmeckt nicht. Nach dem ersten Korn oder Likör schüttelt man sich. Unter Stress fühlt man sich zunächst unwohl. Aber wenn man sich darüber hinwegsetzt, gewöhnt man sich nicht nur daran, sondern sucht solche Erfahrungen, die das Blut schneller fließen lassen. Man befindet sich auf dem Adrenalintrip.

Wir sind eine Gesellschaft, die das Extreme lieben gelernt hat. Das beste Beispiel dafür sind Marathonläufe. Sie sind in den Leistungsgesellschaften zu einem Massenphänomen geworden. Hunderttausende nehmen als Läufer und Zuschauer an solchen Events teil. Die Menge ruft, klatscht, trommelt und pfeift, um die LäuferInnen aufzupeitschen. Diese werden mit dem Runner's High belohnt: Auf dem Höhepunkt der Anstrengung und der Schmerzen stößt der Körper noch mehr Adrenalin und Endorphine aus. Die AthletInnen geraten in einen euphorischen Rauschzustand.

Wir sehen hier im Rahmen eines Volksfestes das, was in der Welt des professionellen Hochleistungssports genauso passiert. Beispiel: Tour de France. Dieses größte Radrennen der Welt stellt unmenschliche Ansprüche. Nur unter größten Schmerzen sind die Fahrer in der Lage, auf ihrem Rad die steilen Berge zu erklimmen und die irrsinnigen Belastungen zu ertragen. Oft hören sie selbst dann nicht auf, wenn sie sich Knochen gebrochen haben. Stattdessen greifen sie zu Schmerz- und Dopingmitteln, die sie von gewissenlosen Ärzten jederzeit bekommen können. Die sensationslustigen Zuschauer tun so, als ob sie davon nichts wüssten. Erst wenn sich die Tatsachen nicht länger leugnen lassen, wenden sie sich enttäuscht ab. Der Mythos des sauberen Sports lebt fort.

Man sollte sich fragen, wie weit man selbst bereits süchtig nach Stress geworden ist. Liebt man es, permanent unter Volldampf zu stehen? Übt das Dramatische eine große Anziehung auf einen aus? Lechzt man nach immer neuen Sensationen?

Braucht man Konflikte, um sich lebendiger zu fühlen? Erzeugt man künstlich Druck? Erledigt man Dinge gern auf die letzte Minute, damit der Nervenkitzel steigt? Fällt es einem schwer abzuschalten? Fühlt man sich in einer ruhigen, harmonischen Umgebung vielleicht sogar unwohl?

Je mehr dieser Fragen man mit Ja beantworten muss, desto abhängiger ist man von dem Aufputschmittel Adrenalin geworden.

Ruhe, Entspannung und Harmonie schwer ertragen zu können könnte darauf hindeuten, dass man unter Entzugserscheinungen leidet. So wie sich ein Alkoholiker oder ein Drogenabhängiger ohne seinen Stoff zunächst schlecht fühlt, kommt chronisch Gestressten ein Leben ohne Stress unattraktiv vor. Es fehlt ihnen irgendwie der Kick, der Rush, das High.

Trotzdem wird jedem halbwegs vernünftigen Menschen klar sein, dass Drogen auf Dauer keinem guttun. Für chronischen Stress und den Adrenalintrip gilt dasselbe.

Die Droge wechseln?

Für Millionen Menschen kommt Entspannung aus dem Tablettenröhrchen. Anstatt Gelassenheit zu lernen, gehen sie zum Arzt und lassen sich ein Mittel verschreiben, das die Nerven beruhigt und das Herzklopfen dämpft. Stress ist jedoch keine Krankheit, sondern Folge eines falschen Lebensstils.

Ich bestreite nicht, dass solche Medikamente für bestimmte Indikationen sinnvoll sein können. Aber wenn ich lese, dass in einigen Ländern Antidepressiva und Tranquilizer wie Drops gelutscht werden, glaube ich, dass in diesen Fällen etwas Grundsätzliches aus dem Gleichgewicht geraten ist.

Normalerweise brauchen Menschen keine synthetischen Beruhigungsmittel. Wir sind von Natur aus mit einer körpereigenen Entspannungsreaktion ausgestattet. Unser Nervensystem kann die Erregung steigern, aber auch abklingen lassen. Es liegt an uns, welche Reaktion wir immer wieder abrufen: Stress oder Entspannung.

Die meisten haben es nicht gelernt, sich täglich zu entspannen. Oder sie haben es irgendwann verlernt, weil sie keinen Gebrauch mehr davon gemacht haben.

Die Hausmittel gegen Stress sind andere: Zigaretten, Alkohol, übermäßiges Essen, Schlaftabletten, Beruhigungsmittel, Fernsehen und mittlerweile auch das Internet.

Immer noch benutzen Millionen Menschen Zigaretten gerne, um sich eine Pause zu gönnen und mal tief durchzuatmen. Ich weiß, dass das für RaucherInnen absurd klingen mag: Aber eine kleine Gymnastik oder eine Atem-Meditation wäre viel wirksamer, billiger und ohne Nebenwirkungen.

Ein Bierchen oder Weinchen am Abend als »Absacker«: Für viele ist das ihre Methode, um sich zu entspannen. Gegen Bier und Wein als Genussmittel ist nichts einzuwenden. Die Frage ist nur, worum es beim Trinken von alkoholischen Getränken geht. Um den Geschmack oder die entspannende Wirkung. Letzteres sollte man lieber anders erreichen. Die Leber wird es einem danken.

Die große Mehrheit trainiert Gelassenheit mit Messer und Gabel. Manchmal kommt noch der Löffel als Trainingsgerät hinzu. Was hat Essen mit Entspannung zu tun?, fragen Sie sich vielleicht. Nimmt man größere Mengen zu sich, hat dies einen beruhigenden Effekt. Das war früher übrigens einer der Gründe, weshalb in Flugzeugen Essen gereicht wird. Alle, die unter milder Flugangst litten, waren abgelenkt. Nach einigen Minuten waren sie zudem satt und zufrieden.

Stress ist sicher nicht die einzige Ursache für die Gewichtszunahme vieler Menschen. Die leichte Verfügbarkeit von Nahrungsmitteln, mangelnde Bewegung infolge der bequemen Fortbewegung in Automobilen sowie die Ablenkung während des Essens, die ein bewusstes Essen verhindert, kommen noch hinzu. Dennoch ist ein Zusammenhang zwischen Stress und Übergewicht inzwischen nachgewiesen. Wenn die halbe Gesellschaft zu viel wiegt – in manchen Ländern sind es sogar zwei Drittel der Menschen –, ist dies ein beredtes Zeichen für die mangelnde Lebensqualität.

Anstelle des übermäßigen Essens wären einfache Entspannungsübungen wesentlich geeigneter, um Stress abzubauen. Inwieweit Übergewicht gesundheitlich nachteilige Folgen hat, ist zwar umstritten. Aber dass es das Beste für den Kreislauf oder die Gelenke ist, behauptet wohl kaum jemand.

Böse Zungen meinen, einige Politiker hätten die Wirkung einer Schlaftablette. Wenn dies zuträfe, müsste man sie bitten, häufiger in Erscheinung zu treten. Immer mehr Menschen leiden nämlich unter Schlafstörungen und nehmen deshalb Medikamente ein, die für die nötige Nachtruhe sorgen sollen. Zwei Millionen waren es vor vier Jahren. Schätzungen zufolge soll sich diese Zahl bald verdoppelt haben.

Ebenso wenig wie Beruhigungsmittel sollten Schlaftabletten einen gelassenen Lebensstil ersetzen. »Müßiggang und Ruh' schließen dem Arzt die Türe zu«, heißt es in einem alten Sprichwort. Es könnte zum Leitmotiv einer gesundheitsbewussten Gesellschaft werden. Einfacher ist die Kostendämpfung im Gesundheitswesen nicht zu erreichen.

Fast vier Stunden verbringen die Deutschen im Durchschnitt täglich vor dem Fernsehgerät. Das ist ein noch nie da gewesener Rekord. In den USA sind es sogar fünf Stunden. Zum Teil dürfte dies darauf zurückzuführen sein, dass viele es als beruhigend empfinden, wenn irgendwo im Haus der Fernseher läuft oder ein Radio dudelt. Es lenkt einen von den Sorgen und Nöten des täglichen Lebens ab.

Das neuere Medium Internet ist dabei, eine ähnliche Funktion zu übernehmen. Zurzeit nutzen es die Besitzer eines Computers im Durchschnitt ungefähr eine Stunde am Tag.

Soweit es beim Fernsehen und Internet um reine Information und Unterhaltung geht, scheint mir Kritik unangebracht. Wenn diese Medien jedoch den Charakter einer Droge annehmen, die der Beruhigung dient, wäre es ratsam, auf bessere Entspannungsmethoden umzusteigen.

Die anderen sind schuld!

Woran liegt es, wenn man Stress hat? Normalerweise macht man es anderen zum Vorwurf. Die Umgebung nervt. Was sonst? Am Arbeitsplatz sind es der Chef, die Kollegen und die Kunden, zu Hause der Partner, die Kinder, die Geschwister, die Eltern und die Nachbarn. Sie sind es, die dafür verantwortlich sind, dass man so oft gestresst ist. Wenn sie nicht wären, könnte man entspannt und glücklich sein. Jedenfalls müssten sie anders sein, dann wäre die Welt schön.

Stimmt das? Ja und nein. Natürlich sucht sich Stress immer einen äußeren Anlass. Wenn es die anderen nicht gäbe, hätte man keinen Grund, an die Decke zu gehen, oder? Man könnte sich allerdings immer noch über sich selbst ärgern oder über den Hund, die Katze, den Kanarienvogel – oder über das Wetter, das einen

Spitzenplatz einnimmt, wenn es darum geht zu schimpfen.

Einige leiden an der Welt an sich. Die ganze Richtung gefällt ihnen nicht. Wenn sie Gott wären, hätten sie alles anders eingerichtet. Keine Krankheiten, keine Mücken, keine Armut, nicht dieses ständige »Einer frisst den anderen«. Gott ist schuld! Aber da man nicht weiß, ob es ihn oder sie wirklich gibt, wird man seine Beschwerde nicht einmal los. Was für ein Mist!

Andererseits würden nicht wenige sich bestimmt ärgern, wenn es nichts mehr gäbe, worüber sie sich aufregen könnten. Was wäre das für eine Welt ohne Stress! Wo kämen wir denn da hin? Da könnte man ja gleich ins Paradies auswandern.

Anlässe findet man also genug, um gestresst zu sein. Der frühere Bundespräsident Gustav Heinemann hat gesagt, wer mit dem Zeigefinger auf andere Leute zeigt, solle nie vergessen, dass drei Finger seiner Hand auf ihn selbst zeigen. Probieren Sie es aus. Es stimmt. Wir machen viel zu schnell andere für unsere Probleme verantwortlich, während wir uns fragen sollten, was wir dazu beitragen.

»Wir haben doch 'ne Demokratie. Lass mal die anderen machen«, ist ein Spruch, der mir in diesem Zusammenhang immer wieder einfällt. Viele meckern über die Politik. Aber die wenigsten engagieren sich politisch oder gesellschaftlich. Eine Demokratie kann immer nur so gut sein wie die Menschen, die in ihr leben.

Im Juni 2013 haben die Grünen eine Befragung ihrer Mitglieder durchgeführt. Sie haben darüber abgestimmt, welche Forderungen im Bundestagswahlkampf und in einer möglichen Regierung vorne stehen sollten. Was meinen Sie, wie viele an der Abstimmung teilgenommen haben? 90 Prozent? 70? Die Hälfte? Es waren 26 Prozent.

Wie viele Menschen machen überhaupt bei den Grünen mit? 20 Millionen? Zwei Millionen? 400 000? Die Grünen haben 61 000 Mitglieder. Das sind 0,076 Prozent aller Menschen, die in Deutschland leben.

Selbstverständlich kann man sich auch in anderen Organisationen für Umweltschutzthemen einsetzen. Trotzdem halte ich 0,076 Prozent für eine aussagekräftige Zahl, wenn man einschätzen will, wie viele sich politisch in diesem Bereich engagieren. Wir leben in einer parlamentarischen Demokratie. Die wichtigsten politischen Entscheidungen fallen im Parlament. Die Parteien stellen die Abgeordneten. Die Mitglieder einer Partei bestimmen die Inhalte und Personen, die sie ins Parlament einbringen. Die Grünen haben 61 000 Mitglieder. 16 000 von ihnen haben über die Prioritäten im Wahlkampf und einer eventuellen Regierung abgestimmt. Das ist umgerechnet einer von 5000 Menschen in Deutschland.

Verstehen Sie jetzt, was ich meine? Wie viele schimpfen darüber, wie die Umwelt zerstört wird? Wie viele haben Angst vor einer Vergiftung des Wassers, der Luft und unserer Nahrung? Wie viele haben Mitleid, wie mit den Pflanzen und Tieren umgegangen wird? Und wie viele werden umweltpolitisch aktiv?

Über andere meckern, das ist der Zeigefinger.

Drei Finger weisen zurück. Die eigene Untätigkeit in der Umweltpolitik, das ist der Mittelfinger. Was man selbst zur Umweltzerstörung beiträgt, das ist der Ringfinger. Sich für die Natur nicht zu interessieren, das ist der kleine Finger.

Dieses Beispiel lässt sich auf Stress mühelos übertragen. Wir machen automatisch die anderen dafür verantwortlich, wenn wir genervt sind, sehen aber nicht unseren eigenen Beitrag.

Auch hier weisen drei Finger auf uns. Einer zeigt auf die Gedanken, mit denen wir uns aufregen. Oft sind wir uns ihrer nicht einmal bewusst. Ein anderer deutet auf unser Verhalten. Wie tragen wir mit dem, was wir tun und unterlassen, zu unserem Stress bei? Der dritte Finger meint unseren Körper, dem wir keine Pausen gönnen, den wir misshandeln, indem wir zu viel essen, essen, was uns nicht bekommt, indem wir uns zu wenig bewegen, und dadurch, dass wir nicht lernen, uns körperlich und geistig zu entspannen und die schönen Seiten des Lebens zu genießen.

Das Gelassenheitstraining setzt genau hier an. Wir haben einen begrenzten Einfluss darauf, was andere tun. Umso mehr sollten wir uns um das kümmern, was in unserer Macht steht. Das sind unsere Gedanken, unsere Gefühle und unser Verhalten.

Es macht keinen Sinn zu warten, bis unsere Umgebung sich so verändert hat, wie wir uns das wünschen, bis alle anderen entspannt, freundlich und liebevoll geworden sind.

»Sei selbst der Wandel, den du in der Welt zu sehen wünschst«, hat Mahatma Gandhi gesagt. Werden Sie selbst zu einer Quelle der Gelassenheit inmitten des Stresses.

Eine Frage der Tradition

Stress ist eine schlechte Angewohnheit. Die meisten übernehmen sie bereits von ihren Eltern. Gelassenheit ist in unserer Gesellschaft die Ausnahme. Kollektive Grundüberzeugungen, die Anspannung auslösen oder begünstigen, sind in der Tradition tief verankert.

Ich habe einige dieser Glaubenssätze in meinem Buch »Lob der Faulheit« untersucht und infrage gestellt. Deshalb will ich mich an dieser Stelle kurz fassen.

Das Christentum hat die westliche Kultur geprägt. Sicherlich sind damit zivilisatorische Fortschritte verbunden. Insbesondere in den Klöstern wurden beispielsweise Grundlagen der Pflanzenveredelung, der Heilkunde, des Weinbaus geschaffen. Auf der anderen Seite ist uns heute bewusst, dass der Anspruch der Unfehlbarkeit, der Gottesstaatlichkeit, die Inquisition, die

Kreuzzüge, die Hexenverbrennungen und die Zwangsmissionierungen unendliches Leiden und schwere Traumatisierungen hervorgerufen haben, die von Generation zu Generation weitergegeben wurden. Bis in die heutige Zeit ist es dem Christentum nicht gelungen, die negativen Schlagzeilen zu beenden. Sexueller Missbrauch und dubiose Bankgeschäfte lauten die Vorwürfe der Gegenwart. Das trifft eine Organisation, die die Nächstenliebe predigt, in ihrem religiösen und moralischen Kern.

Die Vorstellungen der Erbsünde, des Jüngsten Gerichts, der Verdammnis in der Hölle und der Erde als Jammertal sind nicht dazu geeignet, die Menschen zu beruhigen.

In Psalm 90, Vers 10 heißt es in der Übersetzung Luthers: »Unser Leben währet siebzig Jahre, und wenn's hochkommt, so sind's achtzig Jahre, und wenn's köstlich gewesen ist, so ist es Mühe und Arbeit gewesen.« Mit solchen Glaubenssätzen wurden die Erwartungen der Menschen ans Leben geprägt. Sie sollten zu der Überzeugung gelangen, dass das Leben aus Mühe und Arbeit besteht.

Thron und Altar gingen eine unheilige Allianz ein. Der Adel dachte überhaupt nicht daran, ein mühevolles, arbeitsreiches Leben zu führen, und die Fürstbischöfe taten es ihnen gleich. Man muss sich vor Augen halten, dass die Masse der Bevölkerung vor der Aufklärung aus ungebildeten Bauern und Handwerkern bestand. Ihre einzige Informationsquelle war die sonntägliche Predigt, in der ihnen gesagt wurde, wie die Welt konstruiert sei, dass sie in der Hölle schmoren würden, wenn sie sich gegen die Obrigkeiten auflehnten, und sie gut daran täten, nichts anderes (»wenn's köstlich gewesen ist«) als Mühe und Arbeit zu erwarten.

Bis in die heutige Zeit zitieren Politiker gerne den 2. Brief des Paulus an die Thessalonicher, Kapitel 3, Vers 10: »Und da wir bei euch waren, geboten wir euch solches, dass, so jemand nicht will arbeiten, der soll auch nicht essen.« Dass eine solche Maxime in der Politik schlechte Zeiten für Kinder, Alte, Behinderte und Arbeitslose ankündigen soll, versteht sich von selbst.

Als 2006 der SPD-Arbeitsminister Franz Müntefering den Kritikern an der Hartz-IV-Politik dieses Bibelzitat entgegenhielt, sorgte dies in der Fraktion und in der Öffentlichkeit für Aufregung. Besonders interessant ist, wie der damalige Parlamentarische Geschäftsführer die Gemüter beruhigen wollte: Müntefering habe lediglich eine Weisheit aus den frühen Tagen der Sozialdemokratie zitiert. Das überrascht auf den ersten Blick, weil man bisher nicht dachte, dass die Bibel zu den Gründungsdokumenten der SPD gehört.

Die überkommenen Überzeugungen in Bezug auf Disziplin, Fleiß, Leistung, Mühe und Arbeit schaffen eine Realität, die anschließend als vorgefunden ausgegeben wird. Man nennt dies sich selbst erfüllende Prophezeiungen.

Viele Studien haben die Weise gezeigt, wie sich die Erwartungen auf das Denken und Verhalten auswirken. Bekannt ist der Rosenthal-Effekt. Wird ein Schüler dem Lehrer als begabt vorgestellt, bestätigen die Leistungen des Schülers im Verlauf des Schuljahrs die Annahme. Umgekehrt schneiden Schüler erwartungsgemäß schlecht ab, wenn der Lehrer annimmt, einen leistungsschwachen Schüler zu unterrichten. Voraussetzung für dieses Experiment, das mehrfach mit demselben Ergebnis wiederholt wurde, ist, dass die Schüler nach dem Zufallsprinzip ausgewählt werden und der Lehrer über die angeblichen Fähigkeiten der Schüler getäuscht wird.

Wie die vorgefassten Meinungen Ergebnisse beeinflussen, sieht man auch in dem folgenden Experiment: Studenten wurden gebeten, Frauen anzurufen, die zusammen mit ihnen studierten. Vorher gab man ihnen willkürlich positive oder negative Informationen über die Telefonpartnerinnen. Nach dem Gespräch fanden die Studenten diejenigen Studentinnen sympathischer, die sie mit positiven Erwartungen angerufen hatten.

Es geht sogar noch weiter. Man spielte die Aufzeichnungen der Telefonate unabhängigen Personen vor. Die Studentinnen, die ihren Kommilitonen vorher positiv beschrieben worden waren, machten in den Gesprächen nach dem Urteil der Gutachter tatsächlichen einen sympathischeren Eindruck. Die Studenten hatten ihre Gespräche also so geführt, dass ihre Partnerinnen sich in die jeweils erwartete Haltung hatten drängen lassen.

Jeder »macht« seine Erfahrungen, das heißt, er verhält sich so, dass sich seine Vermutungen in der Regel bestätigen.

Letztes Beispiel in diesem Zusammenhang: Gibt man Personen Aufgaben mit der Bitte, sie in einer bestimmten Frist zu erfüllen, neigen sie dazu, die gesamte Zeit daran zu arbeiten, unabhängig davon, ob die Aufgabe auch in kürzerer Zeit zu erledigen wäre.

Jemand hat das mal damit verglichen, dass Eierkuchenteig immer so weit ausläuft, wie die Pfanne groß ist. In großen Pfannen entstehen flächige Eierkuchen, in kleinen Pfannen kompakte.

Sie haben bestimmt schon erkannt, was Traditionen und Erwartungen mit Stress zu tun haben. Wem beigebracht wurde, dass das Leben ein Kampf ist, wird anderen als Kämpfer entgegentreten, Stress verbreiten und die Erfahrung »machen« (aktiv herbeiführen), dass sein Leben hart ist und ihm nichts geschenkt wird. Umgekehrt werden diejenigen, die das Leben als Abenteuer, als Tanz oder Spiel auffassen, aller Wahrscheinlichkeit nach erleben, wie spannend, anregend, leicht und vergnügt ihre Tage sind.

Henry Ford wird in amerikanischen Büchern häufig mit dem Satz zitiert: »Egal, ob du glaubst, dass du etwas kannst oder nicht kannst, du wirst immer recht behalten.« Diese Aussage bedeutet auf Stress übertragen:

»Egal, ob du annimmst, dass das Leben anstrengend oder leicht ist, du wirst in jedem Fall recht behalten.«

Wir nehmen die Welt so wahr, wie wir über sie denken. Deshalb ist es nicht egal, mit welchen religiösen, gesellschaftlichen und familiären Überzeugungen wir aufwachsen. Sie begrenzen oder erweitern unsere Möglichkeiten.

Soweit Traditionen das Leben erleichtern, sollte man sie beibehalten. Wenn sie jedoch Stress verursachen, ist es besser, sie zu überwinden.

Mithilfe des Gelassenheitstrainings können Sie selbst bestimmen, was für Sie gut ist.

Neue Gewohnheiten entwickeln

Ich sagte, dass man Stress als schlechte Angewohnheit betrachten kann. Damit meine ich nicht die spontane Stressreaktion, die auftritt, wenn man einer plötzlichen Gefahr ausgeliefert ist. Solche Notfälle sind selten. Der Stress, der den meisten Menschen zu schaffen macht, ist erlernt. Jede Kirche, jede Gesellschaft und jede Familie hat ihre eigenen Stressmuster ausgeprägt und oft von Generation zu Generation weitergegeben. Da sie den Charakter von Traditionen angenommen haben, werden sie grundsätzlich nicht infrage gestellt.

So kann es beispielsweise in einer Familie üblich sein, panische Angst vor Spinnen zu entwickeln, weil jeder in dieser Familie das seit Zeiten so macht. In anderen Familien ist diese Angst unbekannt.

Stress bei der Arbeit ist in der westlichen Welt sehr verbreitet. Vor der Einführung von Fabriken mit ihren Fließbändern, Stechuhren, Großraumbüros und Akkordlöhnen war dies weniger der Fall. Die kirchlichen und weltlichen Herren in Europa mussten sich sehr anstrengen und viel Gewalt ausüben, um die »faule« Masse fleißig zu machen. Sie haben ihren Untertanen erfolgreich das Gehirn gewaschen, indem sie sie glauben machten, dass das Leben, wenn es denn »köstlich« ist, nur aus Arbeit und Mühe besteht.

Mühe und harte Arbeit sind gesellschaftliche Stresstraditionen geworden, die nur selten infrage gestellt werden. Viele leiden darunter, brechen zeitweise zusammen, aber unternehmen alle Anstrengungen (!), um so bald wie möglich wieder reibungslos in der Tretmühle zu funktionieren. Selbst das Management in Politik, Kirche und Wirtschaft unterwirft sich in der Mehrzahl diesen gesellschaftlichen Arbeitsnormen, während die Oberen in der Feudalzeit nicht daran dachten, das Schicksal der Masse zu teilen. Gesellschaftliche Traditionen (Gewohnheiten) tendieren dahin, alle Mitglieder zu erfassen.

Auch in Kirchen sind stressbeladene Überlieferungen überall zu finden. Als Beispiel sei die Idee der Hölle genannt. Die Aussicht, nach dem Tod für immer verdammt zu sein und die schlimmsten Qualen erdulden zu müssen, erschreckt die Gläubigen zutiefst. Ein wissenschaftlicher Beweis, dass solche Traumbilder mehr als reine Fantasie sind, ist bisher noch keinem gelungen, und er ist auch in Zukunft nicht zu erwarten. Es gibt religiöse Schulen, denen die Vorstellung einer Hölle im Jenseits fremd ist. Wer nicht als Kind mit derartigen Höllenerwartungen gequält wurde, dürfte dagegen weitgehend immun sein. Für alle anderen stellt dieser Glaube eine große Belastung dar, soweit man sich nicht davon befreit.

Egal, ob man den Stress in der Familie, einer Religionsgemeinschaft, in der Schule oder am Arbeitsplatz gelernt hat oder ob man selbst auf die Idee gekommen ist, die menschliche Existenz müsse anstrengend und leidvoll sein: Die Frage ist, wie man diese unseligen Traditionen beendet und neue, stressfreie Gewohnheiten ausbildet.

Wer einmal versucht hat, sich zu ändern, weiß, dass dies schwer sein kann und manchmal sogar unmöglich scheint. Berühmt sind die Neujahrsvorsätze, die nach wenigen Tagen oder Wochen schon wieder vergessen sind.

Abnehmen, mit dem Rauchen aufhören, Sport treiben, sich mehr Zeit für die Familie nehmen, sich weniger Stress machen: Diese Punkte stehen bei vielen seit Jahren weit oben auf der Wunschliste.

Wünschen allein hilft aber nicht, obwohl dieser Gedanke seit einigen Jahren wieder einmal Hochkonjunktur hat. Es ist so verlockend, für die Erfüllung seiner Wünsche nichts tun zu müssen. Der Glaube an den

Weihnachtsmann lebt in jedem Erwachsenen ein Stück weit fort.

1998 veröffentlichte Bärbel Mohr ihr Buch »Bestellungen beim Universum«. Es ist recht witzig geschrieben. Solange man es nicht ernst nimmt, kann es keinen Schaden anrichten. Dass Wünschen und Vertrauen allein nicht ausreichen, zeigt der frühe Tod der Autorin. Sie ist im Alter von nur 46 Jahren an Krebs gestorben. Wer wollte ihr unterstellen, dass sie sich dies gewünscht hat?

2006 erschien das Buch »The Secret« von Rhonda Byrne. Es wurde schnell ein internationaler Bestseller. Sie vertrat ebenfalls vehement und mit vielen Beispielen und Kronzeugen die Idee, dass das bloße Wünschen genüge, damit sich alle Hoffnungen erfüllen. Entscheidend sei das hingebungsvolle Vertrauen. Aktives Handeln könne sogar bedeuten, dass man dem Wirken des Universums misstraue. Gleiches ziehe Gleiches an. Somit verhindere jeglicher Zweifel das Eintreten des Erfolgs.

Der Traum der Wunscherfüllung ohne eigenes Zutun dürfte so alt wie die Menschheit sein. Normalerweise ist er der Stoff für Märchen. Die Zauberfee, die einem drei Wünsche erfüllt; der Geist aus der Flasche, der einem zu Diensten ist; der Zauberstab, den man durch die Luft schwingt, sodass die Dinge sich im Nu verwirklichen: Sie sind Ausdruck der menschlichen Fantasie, die einen in frühe Kindertage zurückversetzt, in denen die Eltern wie durch Zauberei alle Bedürfnisse befriedigten.

Es scheint eine Ironie des Schicksals zu sein, dass viele Apologeten dieser faszinierenden Idee auffällig früh gestorben sind. Prentice Mulford, der für Zeitschriften wie »Das goldene Zeitalter« schrieb, verfocht schon 1889 die Idee, dass Gedanken Dinge seien, die sich quasi von allein materialisierten, und hielt Sterben zudem für Unfug. Er verfehlte den hundertsten Geburtstag fast um die Hälfte.

Wallace Wattles und James Allen, die Reichtum und Gesundheit auf die Kraft der Gedanken zurückführten, starben ebenfalls früh. Es ist gewiss nicht so, dass ich meine, jeder Mensch müsse ein langes Leben haben. Aber von denjenigen, die darauf schwören, dass die Gedanken das Unmögliche möglich machen könnten, darf man erwarten, dass sie die entsprechenden Beweise liefern.

Ich trete den zurzeit populären »Geheimnissen«, »Gesetzen der Anziehung« und Ideen einer magischen Wunscherfüllung so entschieden entgegen, weil man sich von solchen Illusionen verabschieden muss, bevor man das Gelassenheitstraining beginnt.

Ich bin überzeugt davon, dass unser Denken eine große Bedeutung hat. Wir fühlen und handeln so, wie wir denken. Ich werde Ihnen im praktischen Teil dieses Buches zeigen, wie Sie die Gedanken nutzen können, um zu Gelassenheit und Ruhe zu finden. Die Gedanken beeinflussen über unser Handeln sogar teilweise unsere Umgebung.

Aber kein Mensch ist allmächtig. Das Universum gehorcht nicht so, wie wir uns das vorstellen. Wenn überhaupt, dann braucht es Zeit und Energie, bis das Äußere dem Inneren folgt.

Wunschdenken ist fruchtlos. Irrationales positives Denken hilft nicht weiter. Je mehr Illusionen man hat, egal, ob negative oder positive, desto schwerer ist es, neue Gewohnheiten zu entwickeln und ein entspanntes, erfülltes Leben zu führen.

Grundsätzlich ist jeder Mensch fähig, sein Denken, Fühlen und Verhalten zu ändern. Das Gehirn bleibt ein Leben lang formbar.

Noch vor Kurzem hielten Wissenschaftler dies für ausgeschlossen. Doch täglich lernen Menschen neue, konstruktive Denk- und Verhaltensweisen. Immer mehr Kinder lernen lesen, rechnen und schreiben. Erwachsene ernähren sich gesünder, bewegen sich mehr, entspannen sich öfter, streiten weniger und schließen neue Freundschaften. Positive Veränderungen passieren ständig.

Gehen, sprechen oder schreiben: Alles lernt man, indem man es trainiert. Deshalb gefällt mir der amerikanische Ausdruck »Kid training« besser als das deutsche Wort »Kindererziehung«. Ein unerzogenes Kind ist weder schlecht noch böse, sondern lediglich untrainiert.

Stress wird gelernt. Deshalb kann man ihn auch wieder verlernen. Warum sind manche so entspannt, selbst in schwierigen Situationen? Es ist ihnen nicht zugefallen. Sie haben es trainiert. Sie können dasselbe tun – wenn Sie sich dazu entschließen!

Warum soll ich mich entspannen?

Weiß ich auch nicht! Manche Autoren versuchen, ihre LeserInnen zu motivieren, Ihren Vorschlägen zu folgen. Ich halte das für zwecklos. Wenn Sie keinen Grund haben, gelassener zu werden, kann ich Ihnen keinen borgen.

Ich kann Ihnen aber sagen, warum andere aufgehört haben, sich dauernd zu stressen.

Wer sich chronisch überfordert, tanzt auf der Rasierklinge. Auf Dauer ist das noch keinem geglückt. Der Adrenalinkick ist nichts gegen das Gefühl wohliger Gelassenheit. So wie ein Schuss Heroin kein Ersatz für ein gelungenes Leben sein kann. Drogenabhängige fühlen sich gut, aber es geht ihnen nicht gut. Jeder Außenstehende sieht das. Im Übrigen sind die Entzugserscheinungen und die Jagd nach dem nächsten Kick kein Vergnügen.

Als ich zwei Jahre lang als Schuldnerberater arbeitete, fiel mir gleich auf, dass einige KlientInnen sich entspannt zurücklehnten, während ich mir große Mühe gab, sie von den einzelnen Schritten auf dem Weg zur Entschuldung zu überzeugen. Egal, was ich vorschlug, immer wieder kam zurück: »Ja, aber …« Daraus habe ich gelernt.

Von dem Tag an habe ich mich entspannt, und meine KlientInnen mussten *mich* davon überzeugen, dass es sich lohnte, für sie aktiv zu werden. So herum funktionierte das Spiel. Manche nennen das »Komm-Struktur«. Solange man anderen hinterherhechelt, um das Beste für sie zu erreichen, läuft das Ganze verkehrt herum. Erst wenn jemand einsichtig geworden ist und seine Probleme lösen möchte, ist ein neuer Anfang möglich.

Auf die Frage »Warum soll ich mich entspannen?« antworte ich mit sechs Gegenfragen. Der Psychologe Michael Pantalon hat sie entwickelt, damit andere sich selbst motivieren können, wenn sie es wollen. Er steht wie ich auf dem Standpunkt, dass man die Autonomie jedes Menschen respektieren muss. Jeder hat das Recht, selbst zu bestimmen, ob, wann und wie er sich entspannen möchte.

Wenn eine Person fragt, warum sie sich denn entspannen soll, schwingt in der Frage oft ein gewisser

Trotz mit. Der gereizte Ton verrät, dass sie ihre Autonomie in Gefahr sieht. Mir ist wichtig, dass Sie sich frei fühlen, Ihre eigene Entscheidung zu treffen. Ich möchte nicht, dass Sie gelassener werden, als Sie es wollen.

Hier die sechs Fragen:

1. *Warum könnten Sie weniger Stress haben wollen?*
   Nur Sie können wissen, aus welchen Gründen, wenn überhaupt, Sie Gelassenheit trainieren wollen.

2. *Wie groß ist Ihre Bereitschaft, ein stressfreieres Leben zu führen?*
   Schätzen Sie Ihr Interesse auf einer Skala von 0 bis 10 ein, wobei 0 »nicht die geringste Lust« und 10 »ich werde alles dafür tun« bedeutet.
   Mithilfe dieser Skala können Sie sich Ihre vorhandene oder fehlende Bereitschaft für ein Gelassenheitstraining bewusst machen.

3. *Warum haben Sie keine kleinere Zahl gewählt?*
   Anders gefragt: Wie erklären Sie sich, dass Ihr Interesse nicht geringer ist?
   Falls Sie mit 0 geantwortet haben: Was wäre nötig, damit aus der 0 eine 1 wird?

4. *Stellen Sie sich vor, Sie wären mithilfe des Trainings gelassener geworden. Was wären die positiven Auswirkungen?*

5. *Warum sind Ihnen diese Auswirkungen wich-*
   tig?
6. *Was ist – wenn überhaupt – der nächste Schritt?*

Mein Arzt hat noch eine andere Idee. Er schlägt seinen gestressten Patienten vor, sich eine bestimmte Frage zu stellen. Sie richten sie an die für sie zuständige Stelle, also das Universum, das Unterbewusstsein, die Götter oder was auch immer. Sie stellen sie jeden Tag. Die Frage lautet:

Liebe (zuständige Stelle), wann ist für mich der richtige Zeitpunkt, mit dem Stress aufzuhören?

Freiheit und Gelassenheit

Viele fühlen sich dem Stress hilflos ausgeliefert. Sie glauben, keine Wahl zu haben, ob sie sich ärgern oder nicht. Aufgrund der in ihrer Familie oder in der Gesellschaft herrschenden Normen nehmen sie an, in bestimmten Situationen in die Luft gehen zu müssen.

Unsere Umgebung versucht, uns vorzuschreiben, wie wir zu reagieren haben. Nehmen wir an, eine Person steht vor einer wichtigen Prüfung und wirkt vollkommen locker. Dann kann man fast sicher davon ausgehen, dass sie solche Kommentare hören wird:

- Nimmst du das nicht zu sehr auf die leichte Schulter?
- Hast du gar keine Angst? Nicht mal ein bisschen?

- Du wirkst so entspannt: Hast du auch genug gelernt?
- Vor einer Prüfung muss man hundertprozentig konzentriert sein. Bei dir merkt man gar keine Anspannung. Nimmst du die Prüfung überhaupt ernst?

In unserer Gesellschaft wird erwartet, dass man vor Prüfungen Angst hat. Wer anders reagiert, ist nicht normal. Normal zu sein heißt, so wie die Masse zu denken, zu fühlen und zu handeln.

Man lernt, sich zu ärgern, wenn nicht alles so läuft, wie man sich das vorstellt, enttäuscht zu sein, wenn sich Wünsche nicht erfüllen, Angst davor zu haben, einen Fehler zu machen, mit Scham auf eine Blamage zu reagieren oder sich zu sorgen, dass andere einen ablehnen oder kritisieren könnten.

Man gewöhnt sich an, Furcht vor Krankheit, Tod und Alter zu entwickeln, zu trauern, wenn jemand stirbt, auf Arbeitslosigkeit mit Depressionen zu reagieren, sich zu schämen und Sozialleistungen zu beanspruchen oder Liebeskummer zu bekommen, wenn eine Beziehung auseinandergeht.

Selbstverständlich sind diese Reaktionen nur, wenn man sie nie infrage stellt. Ich will Ihnen nicht vorschreiben, dass Sie in Zukunft anders mit solchen Situationen umgehen sollten. Ich möchte Ihnen vielmehr klarmachen, dass Sie nicht Sklave Ihrer Gedanken, Ihrer Gefühle und Ihres Verhaltens sind. Kontrollieren Sie sie, anstatt sich von ihnen kontrollieren zu lassen.

Sie besitzen einen freien Willen. Machen Sie Gebrauch davon. Oder gehören Sie vielleicht zu denen, die glauben, dass der freie Wille eine Illusion ist? Lassen Sie mich das bereits erwähnte Zitat von Henry Ford ein weiteres Mal umformulieren: »Egal, ob du glaubst, dass du einen freien Willen hast oder nicht, du wirst immer recht behalten.«

Probieren Sie es selbst aus. Ich möchte Ihnen zu diesem Zweck ein Experiment anbieten:

Bitte stehen Sie auf.
Sind Sie aufgestanden? Oder sitzen geblieben?
Haben Sie sich gar hingelegt?
Ist Ihnen bewusst, dass Sie die freie Wahl hatten, zu tun oder zu lassen, was Sie wollten?
Ob Sie sich erhoben haben oder nicht, das ist Ihre Sache. Ich bin verantwortlich dafür, was ich schreibe. Sie für das, was Sie tun.

Wenn Sie das Gelassenheitstraining erfolgreich absolvieren wollen, ist es wichtig, dass Sie sich darüber im Klaren sind, dass Sie frei wählen können. Manche haben Ratgebern gegenüber eine ambivalente Einstellung. Einerseits wünschen sie sich, bestimmte Dinge in ihrem Leben zu ändern. Andererseits rebellieren sie dagegen, sich nach den Empfehlungen zu richten.

Dieser Konflikt löst sich auf, wenn Sie sich bewusst machen, dass Sie frei entscheiden können, ob Sie sich bestimmte Ideen und Verhaltensweisen aneignen.

Einige mögen nicht einmal eine Selbstverpflichtung eingehen. Sie möchten sich nicht festlegen. Aus meiner Sicht brauchen Sie das auch nicht. Sie müssen keinen Vertrag mit sich selbst schließen, Stress aus Ihrem Leben zu verbannen und in Zukunft gelassener zu reagieren. Es ist und bleibt von Augenblick zu Augenblick Ihre Wahl.

Wenn Sie meinen, dass Sie nicht Sklave der Entspannung werden möchten, könnte es sich jedoch lohnen, zu überlegen, ob Sie zurzeit nicht Sklave des Stresses sind. Vielleicht sollten Sie sich von beidem befreien und lieber situativ entscheiden, ob Sie Stress oder Gelassenheit wählen möchten.

Bedenken Sie Folgendes, wenn eine Entscheidung ansteht:

- Sie haben immer Wahlmöglichkeiten.
- Überlegen Sie sich, zwischen welchen Alternativen Sie wählen können.
- Nur Sie treffen die Entscheidung, niemand sonst.
- Sie können Ihre Entscheidung jederzeit ändern.

Bezogen auf das Gelassenheitstraining bedeutet dies:

- Sie haben die Wahl, wie viel Stress oder Entspannung Sie in Ihrem Leben haben wollen.
- Machen Sie sich Ihre Wahlmöglichkeiten und deren Folgen bewusst. Möchten Sie lieber die Alternative, die viel Stress mit sich bringen wird, oder eine, die Ihnen erlaubt, sich wohlzufühlen?
- Entscheiden Sie sich für das, was Sie am besten finden, egal, was die anderen dazu sagen.
- Trauen Sie sich, Ihre Entscheidung zu ändern, wenn Sie feststellen, dass Sie mehr Stress ertragen, als Ihnen lieb ist, oder Sie umgekehrt zu der Ansicht gelangen, dass Ihr Leben mehr Aufregung vertragen könnte.

Wer glaubt, ein Gelassenheitstraining machen zu müssen, denkt wie ein Sklave und wird keine Freude daran haben. Innerlich lehnt er sich gegen seine eigene Entscheidung auf, weil ihm das Bewusstsein fehlt, dass er sie aus freiem Entschluss getroffen hat. Er wird sich für seine Fehler tadeln und vorschnell annehmen, es fehle ihm an Willenskraft, Gelassenheit zu lernen. Manchmal sehnt er sich nach den alten vertrauten Stressgewohnheiten, weil er in solchen Momenten vergisst, wie er unter ihnen gelitten hat. Erzogen in einer Welt, die ihm ständig Pflichten auferlegt hat, empfindet er das Gelassenheitstraining als Last und schiebt es immer wieder auf.

Dagegen hilft nur, sich an seine Willensfreiheit zu erinnern. Niemand MUSS sich entspannen. Gelassen zu bleiben ist eine Wahlmöglichkeit, keine Pflicht.

Anstrengung, Druck und Zwang sind mit Entspannung unvereinbar. Gelassenheit und Freiheit, das passt zusammen.

Bis hierher und nicht weiter

Kann man zu entspannt sein? Nein, aber manchmal ist Gelassenheit fehl am Platz. Es gibt Situationen, in denen man anderen Kampfbereitschaft signalisieren muss. Wir leben nicht im Paradies, wo alle verständnisvoll und fürsorglich miteinander umgehen.

Einige Menschen missverstehen Gelassenheit und Freundlichkeit. Sie halten sie für Schwäche. Man muss dann nicht unbedingt aggressiv reagieren, aber entschlossen die Grenzen aufzeigen.

Die Stressreaktion dient, wie gesagt, der Mobilisierung von Energiereserven. Sie sollen eine schnelle Flucht oder einen beherzten Angriff erleichtern. Deshalb ist Stress in Notfällen die angemessene Reaktion.

Im Alltag greifen Menschen andere normalerweise nicht an. Die Auseinandersetzungen spielen sich auf symbolischer Ebene ab. Körpersprache und Worte kommen zum Einsatz, zum Glück keine Waffen. Echte körperliche Notwehr ist nur in extremen Ausnahmesituationen erforderlich.

Deshalb reicht es, anderen gegenüber selbstsicher entgegenzutreten. Man sollte in der Lage sein, höflich, aber bestimmt seine Meinung zu sagen. Zu einer gesunden Selbstbehauptung gehört es des Weiteren, Kritik und Lob zu äußern und entgegenzunehmen. Auch der selbstsichere Umgang mit unberechtigter Kritik ist wichtig. Ferner sollte man in der Lage sein, seine Wünsche zu äußern, und es ertragen zu können, wenn die anderen deren Erfüllung ablehnen. Die anderen haben dieselben Rechte wie man selbst. Man darf Nein sagen, wenn man auf die Forderungen der anderen nicht eingehen möchte, und zwar, ohne sich dafür zu rechtfertigen oder zu entschuldigen. Schließlich sollte man in der Lage sein, über Interessenkonflikte zu verhandeln und dabei gegebenenfalls Kompromisse auf Gegenseitigkeit zu schließen.

Gelassenheit ist keine Haltung der Resignation, Passivität oder getarnter Hoffnungslosigkeit. Es ist möglich, sehr engagiert seine Interessen zu vertreten und gleichzeitig sachlich und entspannt zu bleiben.

Viele kennen nur die passive Entspannung, die man erlebt, wenn man auf dem Bett oder am Strand liegt. Daneben gibt es aber noch eine dynamische Form der Entspannung, die während der meisten Aktivitäten möglich ist. Dabei wendet man nur so viel Kraft auf wie unbedingt nötig. Das heißt, man verausgabt sich nicht, sondern geht sparsam mit seinen Kräften um. Auf diese Weise bleibt man auch beim Handeln locker.

Nervöses, aggressives Agieren wirkt selten überzeugend, während gelassenes, selbstsicheres Verhalten souverän erscheint.

Gelassenheit lernen

Ich stelle Ihnen in diesem Buch drei Methoden vor.

1. Der Weg der Achtsamkeit

Achtsamkeit steht an erster Stelle, weil man ohne sie seine Stressmuster nicht erkennen kann.

Sie lässt sich trainieren, indem man meditiert. Auf diese Weise wird man im Alltag sensibler für Stress hervorrufende Gewohnheiten im Denken, Fühlen, Sprechen und Handeln.

Obwohl Meditation inzwischen wissenschaftlich gut erforscht ist, sind ihre segensreichen Wirkungen noch weitgehend unbekannt. Bezogen auf die Gesamtbevölkerung meditiert kaum jemand, schon gar nicht täglich.

Ich stelle eine einfache Form der Einsichtsmeditation vor. Sie ist für sich genommen bereits sehr entspannend. Darüber hinaus unterstützt sie die anderen beiden Gelassenheitsmethoden.

2. Das ABC der Gelassenheit

Die Kognitive Verhaltenstherapie (KVT) hat nachgewiesen, dass nicht die Umstände, sondern die Gedanken unsere Gefühle auslösen. Nur wenige haben diese Erkenntnis bisher voll verstanden. Die meisten Menschen sind immer noch davon überzeugt, dass sie ihrer Umgebung emotional hilflos ausgeliefert sind (»Der nervt mich total«). Selbst in vielen Ratgebern ist immer noch von »Stresssituationen« die Rede. Dagegen wusste der Philosoph Epiktet schon vor 2000 Jahren, dass nicht die Dinge die Menschen aufregen, sondern ihre Urteile über die Dinge.

Gilt das auch für Extremsituationen?

Ist das Modell der KVT nicht dasselbe wie positives Denken?

Stressen wir uns nur mit unseren Meinungen und Urteilen, oder haben bestimmte innere Bilder dieselbe Wirkung?

Welche Typen von Stressgedanken gibt es, und wie kann man Stress produzierendes Denken korrigieren?

All das erfahren Sie in den folgenden Kapiteln.

Die Rational-Emotive Verhaltenstherapie (REVT)
hat ebenfalls bestimmte Denkmuster identifiziert, die
Stress hervorrufen. Indem man sich diese bewusst macht,
fördert man seine Gelassenheit beträchtlich.

Ein weiteres Mittel, selbstschädigende Einstellungen
zu erkennen, ist das Enneagramm. Es beschreibt neun
verschiedene Möglichkeiten, die Welt zu sehen. Sie wir-
ken wie Filter, die die Realität verzerren.

Dieser Teil des Buches erhellt den Zusammenhang
zwischen dem Denken und den Emotionen. Je nachdem,
wie man seine alltäglichen Erfahrungen bewertet, ist man
gestresst oder bleibt gelassen. Die Umstände kann man
nicht immer ändern, das eigene Denken dagegen schon.

Eine entspannte Einstellung fällt einem nicht in den
Schoß. Man muss täglich trainieren, um die alten, Stress
auslösenden Denkmuster durch neue zu ersetzen. Stress-
gewohnheiten im Denken, Reden und Handeln ändern
sich nur langsam. Doch mit zunehmender Übung kann
man das ABC der Gelassenheit im Alltag immer leichter
anwenden und sich mehr und mehr von Stress befreien
oder ihn von vornherein vermeiden.

3. ACT: Das Mittel der Wahl

Gary Emery, ein Vertreter der KVT, hat bereits 1986 eine
Methode entwickelt, die er »Rapid Cognitive Therapy«
nannte (RCT). Er hat sie in dem Akronym ACT zusam-

mengefasst: Accept – Choose – Take action *(Akzeptier die Dinge, wie sie sind – Check deine Möglichkeiten – Tu das Bestmögliche).*

Später hat Steven Hayes dieselbe Idee näher erforscht und unter der Bezeichnung »Acceptance and Commitment Therapy« der (Fach-)Öffentlichkeit präsentiert.

Egal, wie man die Methode nennt: ACT ist eine empirisch überprüfte, wirksame Technik, um gelassener zu werden. Mit ihrer Hilfe macht man sich bewusst, dass man die Wahl zwischen verschiedenen Möglichkeiten hat: Stress erhöhenden und Stress verringernden.

Wie sich dieser dritte Weg zur Gelassenheit trainieren lässt, zeige ich ebenfalls im folgenden Teil.

Der Weg der Achtsamkeit

Was Sie mit dem Buddha gemeinsam haben

Ich benutze den Buddha in meinen Büchern gerne als Symbol und Vorbild für Gelassenheit. Er wird häufig in Figuren dargestellt, die ihn lächelnd und zufrieden zeigen. Jedenfalls, wenn die Darstellung gelungen ist! Bei billigen Massenprodukten kann es schon mal vorkommen, dass der Gesichtsausdruck mürrisch und griesgrämig ist. Aber eigentlich ist das egal. Viel wichtiger ist es, dass man selbst Zufriedenheit erlangt.

Sie brauchen Ihre Religion nicht aufzugeben. Sie müssen nicht BuddhistIn werden, um vom Weg der Achtsamkeit zu profitieren. Es geht um das Verständnis, nicht um religiöse Rituale. Der Buddha war einfach ein Mensch wie Sie und ich. Er hatte die gleichen Probleme wie wir. Ihn quälten Ängste, Depressionen, Ärger und

Hass, so lange, bis er entdeckte, wie er sich davon befreien konnte. Diesen Moment der Einsicht nannte er »Erwachen«, weil es ihm so vorkam, als habe er zuvor einen Albtraum durchlebt.

Wahrscheinlich war es nicht ein einziger Augenblick, in dem er begriff, wie er seinen ganzen Stress hervorrief, sondern eine Folge vieler kleiner und großer Erkenntnisse, die über einen Zeitraum von Tagen, Monaten und Jahren erfolgten. Normalerweise ist es so, dass man mit zunehmendem Training immer besser versteht, wie Stress entsteht und wie man ihn wieder beseitigen kann.

Je schwächer und seltener Ängste, Ärger und Entmutigung auftreten, desto häufiger nehmen Glück, Gelassenheit, Liebe und Zufriedenheit ihren Platz ein. Jeder Mensch ist in der Lage, aus eigener Kraft die dafür notwendigen Einsichten zu gewinnen und seine Gefühle und sein Verhalten entsprechend zu steuern. Für diejenigen, und das sind sehr viele, die die Zusammenhänge nicht kennen, wirkt diese Veränderung wie eine Gnade, wie Zauberei oder Zufall.

In Wirklichkeit ist es eine Frage der Selbstbeherrschung. Diese beginnt mit Selbsterkenntnis. Sich selbst beherrschen zu können fällt nicht nur heute vielen schwer. Es schien schon immer schwer oder unmöglich, mit seinen Gedanken, Gefühlen und Handlungen umgehen zu können. Nach heutigem Verständnis ist der Begriff »Herrschaft« vielleicht sogar veraltet. Macht und

Herrschaft sind immer noch oft mit Unterdrückung und Diktatur verbunden. Bis in die jüngste Zeit dachten viele daher tatsächlich, man müsse seine Gedanken, Emotionen und Handlungsimpulse unterdrücken, um mit ihnen fertigzuwerden. Manche lehnten dies ab, weil es ihnen zu diktatorisch erschien.

Deshalb entspricht es der gesellschaftlichen Entwicklung und den Idealen der Demokratie wohl besser, heute von Management zu sprechen. Die Lösung liegt also nicht darin, seine Fantasien, Gefühle und Wünsche zu unterdrücken oder ihnen freien Lauf zu lassen. Vielmehr kommt es darauf an, sein Innenleben zu verstehen und zu steuern, es eben »managen« zu können.

Leider gibt es nicht viele Vorbilder für Gelassenheit und Glück. Die Geschichte der Menschheit ist eher bestimmt von Krieg und Gewalt mit ihren verheerenden Auswirkungen auf die Innen- und Außenwelt. Der am Kreuz zu Tode gefolterte Jesus ist ein beredter Ausdruck dieser schrecklichen Vergangenheit. Er und nicht der wiederauferstandene Christus ist zum Symbol der christlichen Kirchen geworden.

Deshalb ist es umso wichtiger, sich auf Menschen beziehen zu können, die dem Ideal von Ruhe und Zufriedenheit nahegekommen sind. Vielleicht fallen Ihnen welche ein, die Sie sich zum Vorbild nehmen können. Dies können Personen aus Ihrer Familie, Freunde oder sogar entfernte Bekannte sein. Sonst bleibt immer noch der Buddha als Beispiel. Er hat gezeigt, dass es möglich ist, friedlich, mitfühlend und entspannt zu leben und zu sterben. Da er vor 2500 Jahren gelebt hat und immer noch als Einzelfall erscheint, ist es höchste Zeit, dass endlich alle lernen, Ruhe und Gelassenheit zu finden sowie ein erfülltes, beglückendes Leben zu führen.

Wie alle Menschen hatte der Buddha einen Namen. Er hieß Siddhartha Gautama. Man sollte aufhören, ihn zu einem Gott zu machen. Er war so menschlich und so göttlich wie wir alle. Als er 29 Jahre alt war, steckte er in einer tiefen Lebenskrise. Er war depressiv, unglücklich und litt unter zahlreichen Ängsten. Mithilfe einiger Methoden, die denen entsprechen, die Sie in diesem Buch finden, gelang es ihm, seine Krise zu überwinden. Wie sonst nur im Märchen könnte man sagen, dass er danach glücklich und zufrieden lebte bis ans Ende seiner Tage.

Der Weg, der zur Gelassenheit führt, ist jedoch weder buddhistisch noch sonst etwas. Niemand kann die Urheberschaft dafür beanspruchen. Jeder Mensch kann ihn finden und beschreiten. So gab es bereits vor Siddhartha Buddhas und ebenso nach ihm. Einige griechische und römische Philosophen wie Epiktet, Marc Aurel oder Seneca entdeckten den gleichen Weg. In der Gegenwart lehren ihn vor allem Psychologen.

Die Beschreibungen unterscheiden sich, die Wortwahl und die Beispiele. Aber im Kern bleibt der Weg derselbe, weil auch die Menschen sich im Wesentlichen nicht ändern. Die Grundtatsachen wie Geburt, Jugend, Alter und Tod sowie die Beschaffenheit des menschlichen Geistes und Körpers sind beständiger als alle politischen, gesellschaftlichen und persönlichen Unterschiede.

Was ein Einzelner kann, vermag im Prinzip jeder andere auch. Sicherlich ragen einige positiv oder negativ heraus, aber das spielt keine große Rolle. Durchschnittliche Fähigkeiten genügen, um gelassen zu bleiben. Wenn also ein Mensch – und es waren zum Glück zahlreiche – es geschafft hat, ein Leben lang entspannt zu leben, können Sie dasselbe erreichen, unter der Voraussetzung, dass Sie bereit sind, genauso engagiert zu trainieren.

Wohlgefühle erinnern

Stress und Wohlgefühl verhalten sich wie zwei Seiten einer Medaille. Entweder liegt die eine oben oder die andere. Beides zusammen geht nicht. So auch bei Stress. Man kann sich nicht gleichzeitig wohlfühlen und gestresst sein.

Wer verspannt und unglücklich ist, hat sich von seinem Glück und seiner Gelassenheit zu weit entfernt. Statt als zwei Seiten einer Medaille kann man Stress und Wohlgefühl als die beiden Enden einer Skala betrachten. Nähert man sich dem einen, entfernt man sich logischerweise von dem anderen.

Sich zeitweise in den Stressbereich zu begeben ist kein Problem. Nur wenn man sich zu lange darin aufhält, wird es ungemütlich. Deshalb gilt es, immer wieder zum Wohlgefühl zurückzukehren.

Leider kann man regelrecht vergessen, wie es sich anfühlt, wenn es einem gut geht. Der Körper weiß dann gar nicht mehr, was es heißt, sich zu entspannen. Durch den Kopf sind schon so lange keine glücklichen, beruhigenden und freundlichen Gedanken mehr gegangen, dass der Zugang zu ihnen schwierig geworden ist.

Glücklicherweise können die angenehmen Gefühle und Gedanken zwar verschüttet sein, aber nicht völlig verschwinden. Sobald man sich an sie erinnert, kommen sie wieder zum Vorschein.

Tatsächlich hat der amerikanische Arzt und Wissenschaftler Herbert Benson festgestellt, dass es nicht nur eine Stressreaktion gibt, sondern auch eine Entspannungsreaktion. Man kann sie auslösen, indem man meditiert und angenehme Gedanken und Gefühle hervorruft.

Diese Meditation ist einfach. Sie setzen sich bequem hin und schließen die Augen. Als Erstes gehen Sie kurz den Körper in Gedanken durch und prüfen, ob Sie irgendwo verspannt sind. Diese Verspannungen lassen Sie so weit wie möglich los. Danach richten Sie Ihre Aufmerksamkeit auf den Atem. Sie beobachten, wie Sie einatmen und ausatmen. Dabei bleiben Sie einige Minuten.

Sie werden bemerken, dass Sie hierbei abschweifen. Gedanken, Tagträume und Wahrnehmungen treten auf. Vielleicht fällt Ihnen ein, was Sie noch dringend erledigen müssen. Sie hören draußen Lärm oder denken an vergangene Zeiten. Das ist normal. Richten Sie erneut Ihre Aufmerksamkeit auf den Atem. Machen Sie das ohne jede Anstrengung und verändern Sie Ihren Atemrhythmus nicht willkürlich. Nehmen Sie das Einatmen und Ausatmen so wahr, wie es im Moment gerade geschieht.

Nach zwölf bis fünfzehn Minuten öffnen Sie die Augen wieder und setzen den Tag fort.

Klingt einfach, nicht wahr? Das ist es auch. Die Kunst besteht darin, es nicht zu verkomplizieren, etwa durch intellektuelle Spitzfindigkeiten oder schmerzhafte Sitzhaltungen. Sie brauchen sich nicht zu fragen, ob Sie richtig oder falsch meditieren. Für ein paar Minuten hinsetzen, die Augen schließen, den Atem beobachten und alles andere loslassen: Das genügt. Jede Meditation ist anders. Achten Sie darauf, wie sie ist, nicht, wie sie Ihrer Meinung nach sein sollte.

Benson schlägt noch andere Meditationsobjekte vor. Statt die Aufmerksamkeit auf Ihren Atem zu lenken, können Sie eine Silbe, ein Wort oder einen kurzen Satz wählen und lautlos vor sich hinsagen. Es können beliebige Silben oder Wörter sein. Nur sollten Sie sie als angenehm oder neutral empfinden. »Tong«, »mu«, »lala« oder »loslassen«, »Stille«, »fünf«, »acht« wären Beispiele für solche Silben und Wörter.

Sie können mit eigenen Kreationen experimentieren. Wenn Sie sich für ein Meditationsobjekt entschieden haben, bleiben Sie für mindestens eine Sitzung dabei. Sonst kann es passieren, dass Ihr Verstand ein Spiel daraus macht und vergisst, dass es um mühelose Konzentration auf ein beliebiges Objekt geht.

Nachdem Sie für etwa fünfzehn Minuten auf diese Weise meditiert haben, denken Sie für weitere zehn Minuten an etwas, was ein Wohlbehagen in ihnen auslöst. Erinnern Sie sich an erlebte Wohlgefühle. Auch hierbei geht es nicht darum, dass Sie von einer Erinnerung zur nächsten springen. Wenn Sie etwas gefunden haben, bleiben Sie ein paar Minuten dabei. Genießen Sie die angenehmen Gefühle, die Ihre Erinnerung hervorruft.

Benson nennt das »remembered wellness«, »erinnertes Wohlbefinden«. Es verstärkt den Effekt der Meditation. Erst stellt man den Atem in den Mittelpunkt der Aufmerksamkeit, danach das Wohlfühlen. Mit seinen Forschungen hat Benson mehrfach nachgewiesen, dass diese Meditation heilsame Wirkungen hat. Er nennt ausdrücklich positive Auswirkungen auf hohen Blutdruck, chronische Schmerzen, das prämenstruelle Syndrom, Schlaflosigkeit, Angst und Panik, leichte Depression, Migräne und anderes.

Im Abschnitt »Achtsamkeit trainieren« finden Sie eine genauere und ausführlichere Anleitung dieser Meditation. Wer sich mit den bahnbrechenden Erkenntnissen von Herbert Benson näher beschäftigen möchte, sollte sein Buch »Relaxation Revolution« lesen, das leider (2013) noch nicht ins Deutsche übersetzt ist.

Erinnertes Wohlgefühl war für den Buddha der Anfang seiner positiven Veränderung. Nachdem er lange unter Ängsten und Depressionen gelitten hatte, machte er sich auf die Suche nach einem Ausweg. Nach etlichen vergeblichen Versuchen fiel ihm wieder ein, wie er als Kind im Schatten eines Baumes saß und sich dort sehr wohlgefühlt hatte. An diese Erfahrung knüpfte er an. Er setze sich unter einen Baum und rief das alte, lange vergessene Wohlgefühl wieder in sich wach. Das war sein erster Schritt aus dem Kreislauf des ewigen Leidens.

Einsichten gewinnen

Meditation hat noch einen anderen Vorteil. Man lernt, Abstand zu seinen Gedanken, Gefühlen und Handlungen zu bekommen. Normalerweise identifiziert man sich die ganze Zeit mit seiner Person. Dadurch ist man hundertprozentig in sein Leben verwickelt.

Man kann sich das so vorstellen: Manche SchauspielerInnen leben ihre Rollen. Sie gehen vollkommen in ihnen auf. Solange sie auf der Bühne stehen – und gelegentlich sogar danach –, vergessen sie, wer sie eigentlich sind, nämlich ein Mensch mit dem Beruf eines Schauspielers oder einer Schauspielerin. Für sie selbst und für Außenstehende kann diese totale Identifizierung mit einer Rolle problematisch werden, weil sie nicht genügend zwischen Privatleben und Beruf unterscheidet und die Grenzen allzu sehr verschwimmen.

Wer möchte schon mit König Lear, Mephisto, Gretchen oder Desdemona essen gehen?

Andere SchauspielerInnen wissen jederzeit, dass sie nur einen Text aufsagen und den Regieanweisungen folgen. Sie können zu jedem beliebigen Zeitpunkt aus ihrer Rolle aussteigen und so agieren, wie sie das normalerweise im Alltag tun. Ihnen ist bewusst, dass das, was sie auf der Bühne oder am Filmset erleben, nur Theater ist. Sie brauchen keine oder wenig Zeit, um aus ihrer Fantasiewelt herauszukommen und wieder sie selbst zu sein.

Als Zuschauer sieht man den Unterschied selten. Beide Einstellungen zur Rolle bringen die gewünschte Illusion hervor. Eine gute Schauspielerin macht einen glauben, sie sei eine andere, unabhängig davon, wie weit sie sich mit der Bühnengestalt identifiziert.

Im wirklichen Leben gehen die meisten Menschen in ihren Rollen auf. Sie sind so in ihr Spiel vertieft, dass sie vergessen, dass es nur gelernte Verhaltensmuster sind, denen sie folgen. Sie könnten sich aus ihnen befreien, wann immer sie wollen.

Mangelnde Bewusstheit einerseits und fest eingeschliffene Gewohnheiten andererseits rufen die perfekte Illusion hervor, der sie selbst ebenso aufsitzen wie ihre Umgebung. Nach jahrelangem Training sagen die meisten: »Ich bin so, ich kann nicht anders«, so wie ein Schauspieler, der sein Leben lang den »Handlungsreisenden« gespielt hat und am Ende glaubt, aus dieser

Rolle nie wieder herauszukommen. Oder wie die »Elektra«, die nach dreißig Jahren Theater ohne Ende in die Psychiatrie eingeliefert wird, weil sie kein Ende für ihre tragische Aufführung findet.

Wie erholsam wäre es da, ab und zu alle Rollen abzulegen und sich in den Zuschauerraum zu setzen. Von dort aus könnte man einen Blick auf die Erlebnisse des Tages werfen oder vielleicht sogar sein Leben betrachten. Man hätte Gelegenheit, darüber nachzudenken, ob man so weiterspielen möchte wie bisher oder ob es einem besser gefiele, etwas zu ändern.

Als Beobachter wäre es einem möglich, einen Realitätscheck durchzuführen. Lebt man zu sehr in der Vergangenheit? Eilt man voraus und kann die Zukunft kaum abwarten? Welche Texte hat man gelernt? Wer hat sie geschrieben? Möchte man womöglich das Drehbuch umschreiben oder ein neues Skript entwerfen? Solange man auf der »Bühne« steht, geht das alles nicht. Man braucht Abstand.

Eine der wichtigsten Fragen überhaupt könnte dann auftauchen: Führt man in seinem Leben die Regie oder tun andere das? Spielt man die Rolle des Opfers oder der Heldin/des Helden? Will man gerettet werden oder sich selbst am eigenen Zopf aus dem Sumpf ziehen? Im Theater des Lebens ist vieles möglich. Nur die Fantasie setzt die Grenzen.

Am besten scheint eine gesunde Mischung aus Beobachtung und Identifizierung. Geht man zu sehr in seinen Rollen auf, besteht die Gefahr, dass man ausbrennt oder verrückt wird. Es fällt Ihnen bestimmt die/der eine oder andere SchauspielerIn ein, der/dem das passiert ist. Im Theater wie im richtigen Leben.

Bleibt man zu distanziert und gibt man sich mit einem Dasein als ZuschauerIn zufrieden, fehlt es womöglich an Vitalität, Kraft und Engagement. Sich ins Leben hineinzuwerfen, in seine Rollen einzutauchen und sie zu gestalten, mit Lust und Geschick eine interessante Aufführung zu kreieren: Das macht ebenso viel Spaß, wie als BeobachterIn das gesamte Repertoire zu genießen.

Meditiert man, nimmt man die Position des reinen Zuschauers oder der Zuschauerin ein. Gedanken, Gefühle, Empfindungen, Fantasien, Außengeräusche und vieles mehr ziehen an einem vorüber. Es ist sehr befreiend, eine Zeitlang nicht eingreifen zu müssen. Keine Entscheidungen zu treffen, nicht über Gut oder Schlecht zu urteilen: einfach nur dazusitzen und den Atem wahrzunehmen.

Erst in der Beobachterposition wird einem bewusst, was man denkt, fühlt und tut. Es ergeben sich Änderungsmöglichkeiten, die zuvor verschlossen waren. Gewohnheiten können infrage gestellt, neue Rollen entworfen werden.

Muss der ganze Stress wirklich sein? Was trägt man selbst dazu bei? Möchte man das in dieser Weise fortsetzen? Wäre Gelassenheit vielleicht eine prima Alternative? Was müsste man dafür tun?

Der Buddha hat in der Meditation erkannt, wie er seine Gedanken, sein Reden und Handeln so ändern kann, dass alles Leiden von ihm abfällt. Kein Stress mehr wegen seiner Ängste, seiner Depressionen und seines Hasses. Keine Angst mehr vor Alter, Krankheit und Tod. Kein Trübsinn, keine Sorgen. Stattdessen grenzenlose Freude und Gelassenheit. Der Buddha hat seine Stressmuster durchschaut und abgelegt.

So konsequent möchte man ihm darin vielleicht gar nicht nacheifern. Weder Mönch oder Nonne werden noch vollständig auf Stress und Probleme verzichten. Wahrscheinlich wäre den meisten der Trainingsaufwand auch viel zu hoch.

Jeder hat die Freiheit, sich so viel Gelassenheit und Anstrengung ins eigene Drehbuch zu schreiben, wie er oder sie will. Aber nicht alle kommen an den Punkt, das zu erkennen.

Ungebetene Gäste

Indem man meditiert, übt man loszulassen. Dies ist eine Fähigkeit, die vielen schwerfällt. Typischerweise klammert man sich an Menschen und Dinge und mag selbst dann nicht loslassen, wenn schon längst klar sein sollte, dass ein weiteres Festhalten sinnlos ist. Mehr noch: In unserer Gesellschaft gilt eine kämpferische Einstellung als Tugend. Nachgeben halten nicht wenige für eine Schwäche. Der Satz »Geiz ist geil« appelliert an den Impuls, so viel wie möglich zu nehmen, aber wenig zu geben. Teilen ist nicht allen Menschen selbstverständlich, sondern muss oft erst gelernt werden.

Dass Deutschland ein Sozialstaat ist, wie es in unserer Verfassung heißt, ist keineswegs eine Selbstverständlichkeit. Sonst hätte man sich die Aufnahme dieses Prinzips ins Grundgesetz sparen können. Seine Normierung trägt dem Umstand Rechnung, dass Solidarität und Teilen mühsam errungene Grundwerte einer Zivilgesellschaft darstellen. Teilen, Geben und Loslassen bilden den Gegensatz zu Gier, Raffen und Klammern.

Während der Meditation erlebt man vor allem am Anfang, wie stark die Tendenz ist, seinen Gedanken und Gefühlen nachzuhängen, anstatt sich auf den Atem zu konzentrieren. Die Neigung, alten Denkgewohnheiten zu folgen, spürt man sehr deutlich. Umso wichtiger ist es, sich immer wieder für Augenblicke davon zu befreien, indem man loslässt, um sich dem gewählten Meditationsobjekt erneut zuzuwenden.

Je weniger man sich in der Meditation entspannt einem einzigen Gegenstand widmen kann, desto schwerer wird dies auch im Alltag sein. Gerade das krampfhafte Festhalten an bestimmten Überzeugungen und Verhaltensweisen ist es aber, was Stress verursacht.

Zu meditieren ist einfach und schwer zugleich. Wer begreift nicht in wenigen Sekunden, wie Meditation funktioniert? Sich hinsetzen und auf den Atem achten. Einfacher geht es nicht. Schwer daran ist jedoch, anzufangen und dabeizubleiben. Der Wunsch, die Meditation ausfallen zu lassen oder nach wenigen Augenblicken schon wieder aufzuspringen, um all die wahnsinnig eiligen und wichtigen Dinge erledigen zu können, ist oft übermächtig. Hat man es schließlich geschafft, sich auf den Atem zu konzentrieren, verliert man den Fokus bald wieder.

Wie geht man damit um, dass einem unaufhörlich Gedanken durch den Kopf gehen? Wie soll man sich dagegen wehren, dass einen die Gefühle zu überwältigen drohen, sobald man einen Moment Ruhe hat? Genau deshalb sind viele so geschäftig. Sie laufen vor ihren Erinnerungen und Emotionen davon. Bis sie schließlich so erschöpft sind, dass sie kaum Kraft haben, noch irgendetwas zu tun.

Nähern wir uns der Antwort durch eine Analogie. Was ist die beste Art, mit ungebetenen Gästen umzugehen? Stellen Sie sich vor, Sie gäben eine Party. Ihre FreundInnen, die Sie eingeladen haben, sind bereits alle eingetroffen. Die Stimmung ist gut und wird immer besser. Plötzlich klingelt es. Vor Ihrer Tür stehen all die Verwandten, Bekannten und Nachbarn, die Sie auf den Tod nicht ausstehen können. Sie versuchen, ihnen die Tür vor der Nase zuzuknallen, aber es hilft nichts. Die ungebetenen Gäste haben sich bereits Einlass verschafft und sind dabei, sich unter die anderen zu mischen.

Sie haben mehrere Möglichkeiten. Sie können versuchen, jeden einzelnen dieser Eindringlinge aus der Wohnung zu drängen. Damit sind Sie wahrscheinlich den Rest des Abends beschäftigt. Sie können die Polizei rufen. Dann ist die Party gelaufen. Vielleicht erscheint es Ihnen deshalb ratsamer, nichts zu unternehmen. Leider stellen Sie schon bald fest, dass Sie andauernd Ausschau nach Ihren ungebetenen Gästen halten und sich ununterbrochen ärgern. Die Party geht zwar weiter, aber Ihnen ist der Abend verdorben, weil Sie nur noch die Eindringlinge im Sinn haben.

Wie wäre es, wenn Sie, so gut es geht, einfach akzeptieren, dass der Kreis Ihrer Partygäste gegen Ihren Willen erweitert wurde, Sie sich mit Ihren FreundInnen beschäftigen, tanzen, essen, trinken und auf diese Weise das Fest feiern? Ab und zu bemerken Sie einen der Ungebetenen. Dann wenden Sie sich von ihm ab und wieder Ihren FreundInnen zu. Vielleicht versucht er, Sie länger zu belästigen. Aber sobald er merkt, dass Sie sich partout nicht mit ihm beschäftigen wollen, zieht er weiter. Zu Ihrer Überraschung stellen Sie fest, dass Sie genauso oder sogar hartnäckiger sein können als Ihre unerfreulichen Verwandten, Bekannten und Nachbarn. Das Fest ist möglicherweise nicht ganz so gut, wie es ohne diese wäre, aber am Ende des Abends merken Sie, dass es trotzdem ganz gelungen war.

In der Innenwelt geht es ähnlich zu wie in der Außenwelt. Nehmen wir an, Sie setzen sich tatsächlich hin, um zu meditieren. Sie freuen sich auf ein paar schöne, ungestörte, ruhige Minuten und darauf, dass Sie danach wieder frisch und erholt sind.

Kaum haben Sie begonnen, stellen sich die altbekannten Sorgen und all die dringend zu erledigenden Aufgaben ein. Jetzt können Sie versuchen, diese Gedanken loszuwerden. Je mehr Sie sich darum bemühen, desto mehr verstricken Sie sich in weitere Überlegungen. Ärger gesellt sich dazu. Sie glauben schließlich, dass Meditation nichts für Sie ist, und stehen auf. Die Ruhepause ist gelaufen.

Oder Sie versuchen angestrengt, auf Ihren Atem zu achten. Sie denken: »Jetzt funktioniert's! Endlich keine Ablenkungen. Ach so, das sind ja auch Gedanken. Das wollte ich doch nicht. Zurück zum Atem.« – »Na bitte, geht doch. O Gott, schon wieder.« – »Wie lange werde ich das durchstehen, ohne an etwas zu denken?« Indem Sie krampfhaft versuchen, nichts zu denken, tun Sie es praktisch die ganze Zeit.

Die beste Alternative wäre es, sich, so gut es geht, auf den Atem zu konzentrieren, sich dabei zu entspannen und alles andere, was durch Ihren Kopf zieht, zu akzeptieren. Kein Kampf, kein Ausschauhalten, sondern atmen und alles Übrige zulassen, ohne sich besonders darum zu kümmern.

Eine Minute, zwei Minuten ... fünfzehn Minuten

Wenn man fünfzehn Minuten entspannt den Atem beobachtet und sich danach noch zehn Minuten an angenehme Erlebnisse erinnert, braucht man fast eine halbe Stunde. Täglich! »Wo soll ich die Zeit dafür hernehmen? Das ist unmöglich!«, denkt mancher jetzt vielleicht.

Das ist der Moment, in dem man sich die Gründe vor Augen führen sollte, wozu man täglich meditiert:

- Warum könnte ich regelmäßig meditieren wollen?
- Wie groß ist meine Bereitschaft, täglich zu meditieren? (Auf einer Skala von 0 bis 10, 0 bedeutet »nicht die geringste Bereitschaft« und 10 »größtmögliche Bereitschaft«.)

- Warum habe ich keine kleinere Zahl gewählt? (Falls ich 0 gesagt habe: Was wäre nötig, damit aus der 0 eine 1 würde?)
- Angenommen, ich würde täglich 25 Minuten
meditieren: Welche positiven Folgen könnte
dies haben?
- Warum sind mir diese positiven Konsequenzen wichtig?
- Was ist, wenn überhaupt, der erste Schritt?

Einigen mag die Vorstellung, von heute an 25 Minuten
zu meditieren, vorkommen wie eine übermenschliche
Anstrengung. Dann wäre es besser, sich Teilziele zu setzen. Diejenigen könnten sich vornehmen, erst einmal
den ersten Teil der Meditation zu machen. Falls auch
diese Aufgabe noch zu groß erscheint, könnte man mit
fünf Minuten beginnen. Oder mit drei. Wie wäre es mit
einer Minute? Einmal in der Woche?

Sobald man es schafft, einmal in der Woche eine
Minute lang den Atem zu beobachten, könnte man das
Pensum auf zweimal pro Woche erhöhen. Danach auf
dreimal, also jeden zweiten Tag. Schließlich täglich
eine Minute. Gratulation! Das ist mehr, als die meisten
Menschen in Deutschland jemals in ihrem Leben meditieren. Ich meine das nicht ironisch, sondern ernst.
Mir sind keine Zahlen bekannt, wie viele täglich bewusst ihren Atem beobachten, abgesehen von denen,
die unter Atemstörungen leiden und notgedrungen ab

und zu merken, wie sie atmen, aber das ist keine Meditation.

Aus einer Minute kann man zwei machen, dann drei, vier und so weiter, bis man bei fünfzehn angekommen ist. Auf dieselbe Art und Weise ist es möglich, den zweiten Teil der Meditation zu erlernen. Man fängt bei einer Minute pro Woche an und steigert sich dann langsam. Das ist Training. Ich erwarte nicht, dass Sie sofort alle Übungsschritte beherrschen. Vielmehr kommt es darauf an, überhaupt anzufangen.

Wenn mir jemand sagte, er habe nicht einmal eine Minute pro Woche Zeit, um zu meditieren, würde ich das nicht glauben. Man sollte sich und anderen nichts vormachen. Wer nicht meditieren will, lässt es eben. Kein Problem! Aber man sollte klar unterscheiden zwischen Wollen und Können. Eine Minute hat jeder. Wenn nicht, ist das keine Frage des Könnens, sondern des Wollens. Ohne die Bereitschaft, den Stress hinter sich zu lassen und gelassener zu werden, kann sich nichts verändern.

Wer die in diesem Buch vorgeschlagenen Schritte zur Gelassenheit befolgt, sich also die erforderliche Zeit dafür nimmt, wird mit Sicherheit weniger Stress erleben. Es liegt in der Natur der Sache, dass Trainingsprogramme nur funktionieren, wenn sie angewandt werden. Das Lesen dieses Buches kann einen gewissen Entspannungseffekt haben. Dieser wird aber ohne anschließendes Training nur in Ausnahmefällen von Dauer sein.

Achtsamkeit trainieren

Hier noch einmal das Wichtigste im Überblick:

I. Meditation

1. Die Vorbereitung

Wählen Sie eine Silbe, ein Wort, einen kurzen Satz oder ein Bild. Sie können sich auch einfach auf das Atmen konzentrieren.

Setzen Sie sich bequem an einen ruhigen Ort.
Schließen Sie die Augen.

Entspannen Sie Ihre Muskeln, indem Sie vom Gesicht bis zu den Zehen durch Ihren Körper spüren und eventuelle Verspannungen, so gut es geht, loslassen.

2. Die Übung

Atmen Sie langsam und natürlich. Richten Sie Ihre Aufmerksamkeit auf Ihren Atemrhythmus. Nehmen Sie die Phase des Einatmens ebenso vollständig wahr wie die des Ausatmens. Bemerken Sie eventuelle Atempausen nach dem Einatmen oder Ausatmen.

Falls Sie zusätzlich eine Silbe oder eines der anderen Meditationsobjekte gewählt haben, wiederholen Sie es lautlos beim Ausatmen.

Meditieren Sie locker und entspannt. Wenn Gedanken, Emotionen oder andere »Störungen« Ihre Aufmerksamkeit vom Atem ablenken wollen, denken Sie nur »So, so« und kehren wieder zum Atem zurück.

Machen Sie das ungefähr fünfzehn Minuten. Sie brauchen dafür keinen Wecker. Schätzen Sie die Zeit oder schauen Sie kurz auf Ihre Uhr. Bald werden Sie automatisch wissen, wann fünfzehn Minuten vorbei sind.

Machen Sie diese Meditation mindestens einmal täglich.

Sie können eine beliebige Zeit dafür wählen, sollten dabei aber nicht zu müde oder zu satt beziehungsweise nicht zu hungrig sein. Sonst schlafen Sie wahrscheinlich ein oder denken die ganze Zeit nur an Ihren vollen oder leeren Bauch.

Erwarten Sie nichts von der Meditation. Entspannung, Ruhe und Gelassenheit kann man nicht erzwingen. Meditieren Sie fünfzehn Minuten und setzen Sie dann Ihren Tagesablauf fort. Denken Sie nicht intensiv darüber nach, ob die Meditation gut oder schlecht war. Akzeptieren Sie jede Trainingseinheit so, als ob Sie täglich Kniebeugen üben oder eine halbe Stunde schwimmen würden.

Lassen Sie keine Meditation aus, bloß weil Sie keine Lust haben, die Zeit gerne anders nutzen würden oder sich fragen, was das soll. Sie putzen sich die Zähne unabhängig von Ihrer Stimmung, Ihren sonstigen Plänen und ohne sich jedes Mal zu fragen, wozu. Diese Einstellung nehmen Sie auch beim Meditieren ein. Sagen Sie zu Ihren Einwänden »So, so«, und fangen Sie trotzdem an.

Es kann Wochen oder Monate dauern, bis Sie merken, dass Sie im Alltag entspannter geworden sind. Es können weitere positive Veränderungen geschehen. Vielleicht stellen Sie fest, dass Ihre Stimmungen nicht mehr so schwanken oder Sie sich von diesen weniger beeinflussen lassen. Möglicherweise packen Sie andere Aufgaben, die Sie sonst immer aufschieben, leichter an, weil Sie gelernt haben, das, was Sie sich vorgenommen haben, zu tun, egal, ob Sie gerade Lust dazu haben oder nicht.

Wenn Sie wirklich einmal keine Zeit haben, meditieren Sie lieber kürzer als gar nicht. Verschieben Sie die Meditation um ein paar Stunden, aber lassen Sie sie nicht vollkommen ausfallen.

Falls Sie aus irgendwelchen Gründen einmal mehr Stress haben, sei es, weil Ihr Aufgabenzettel überquillt oder Dinge passieren, die Ihnen zu schaffen machen, meditieren Sie eher mehr als weniger. In solchen Zeiten haben Sie es besonders nötig, Abstand zu gewinnen. Es wird Ihnen helfen, die Prioritäten richtig zu setzen und gute Entscheidungen zu treffen.

Manchmal ist es gut, zweimal am Tag zu meditieren, je nach Bedarf zusätzlich ein bis fünf Minuten über den Tag verteilt. Sie werden mit der Zeit das richtige Gespür dafür entwickeln, wann Sie eine Pause brauchen.

Zwölf bis fünfzehn Minuten sind keine willkürlich gewählte Zeitspanne, sondern so lange brauchen Körper und Geist, um die Entspannungsreaktion auszulösen. Nach längerem Training kann dies schneller gehen. Im Idealfall bleibt man den ganzen Tag ruhig und gelassen, egal, was passiert. Das kann man realistischerweise aber erst nach vielen Jahren des Trainings erreichen.

II. Erinnertes Wohlbefinden

1. Die Vorbereitung

Falls Sie vorher meditiert haben, brauchen Sie keine weitere Vorbereitung. Sie können sofort mit der Übung beginnen. Ansonsten bereiten Sie die Übung genauso vor wie oben:

Setzen Sie sich bequem an einen ruhigen Ort.
Schließen Sie die Augen.

Entspannen Sie Ihre Muskeln, indem Sie vom Gesicht bis zu den Zehen durch Ihren Körper spüren und eventuelle Verspannungen, so gut es geht, loslassen.

2. Die Übung

Stellen Sie sich eine Zeit vor, in der Sie sich vollkommen wohlgefühlt haben. Konzentrieren Sie sich auf ein Bild, das das Wohlbefinden, das Sie zu jener Zeit empfunden haben, wieder aufleben lässt.

Bleiben Sie dabei locker und entspannt. Wenn andere Gedanken, Emotionen oder sonstige »Störungen« Ihre Aufmerksamkeit von dem wunderbaren Wohlgefühl, das Sie spüren, ablenken wollen, denken Sie nur »So, so«, und kehren Sie zu dem Bild und Ihrem Wohlbefinden zurück.

Nehmen Sie sich dafür ungefähr zehn Minuten. Stellen Sie keinen Wecker, es sei denn, Sie würden sonst einen Termin verpassen und könnten sich deswegen nicht auf die Meditation konzentrieren.

Das erinnerte Wohlbefinden ist eine Form der Meditation. Der Unterschied zu der vorangegangenen besteht allein darin, dass Sie ein anderes Objekt in den Mittelpunkt Ihrer Aufmerksamkeit stellen.

Sich an eine Zeit zu erinnern, in der Sie sich vollkommen wohlgefühlt haben, ist lediglich eine Möglichkeit,

Körper und Geist die Gelegenheit zu geben, Wohlbefinden zu erleben. Falls Sie am Ende der Atem-Meditation auf Wolke sieben schweben, bleiben Sie einfach noch zehn Minuten dabei. Genauso können Sie es halten, wenn Sie gegenwärtig eine angenehme Phase erleben. Genießen Sie in diesem Fall die Gegenwart.

Manchmal besteht der einfachste Weg darin, sich ein optimales Bild in der Zukunft zu schaffen. Stellen Sie sich vor, dass Sie vollkommen gesund und munter sind. Ihr Körper funktioniert optimal. Ihr Geist ist in Hochform. Sie fühlen sich rundum wohl. Konzentrieren Sie sich auf dieses Wohlgefühl.

Die Übung besteht nicht darin, Ihre Erinnerung oder Ihre Kreativität zu schulen. Die Bilder sind nur Mittel zum Zweck. Es geht darum, ein möglichst intensives Wohlbefinden hervorzurufen. Statt eines Bildes können Sie ebenso einen kleinen Film ablaufen lassen.

Wie Sie sehen, kann das erinnerte Wohlgefühl auch ein vorweggenommenes, zukünftiges Wohlbefinden sein. Erlebt wird es jetzt, in der Gegenwart.

Sie können diese Übung separat durchführen oder in Verbindung mit der Atem-Meditation. Aus praktischen Gründen wird es für die meisten wohl am einfachsten sein, beide hintereinander zu machen. Zwingend ist dies jedoch nicht. Nichts an diesen Übungen ist in Stein gemeißelt. Sie können sie ganz an Ihre Bedürfnisse anpassen.

Probieren Sie aus, welche Erinnerungen oder Vorstellungen bei Ihnen am besten funktionieren. Einige Menschen sind bei manchen schönen, wohltuenden Erinnerungen vielleicht gerührt und müssen weinen. Oder sie fangen an, sich schlecht zu fühlen, weil die guten Zeiten vorbei zu sein scheinen. Dann müssen sie entweder durch die Rührung und die schlechten Gefühle hindurch, um das Wohlgefühl zu finden und sich darauf zu konzentrieren, oder sie wählen lieber andere Vorstellungen.

Geben Sie auf keinen Fall auf. »Störungen«, die den Weg zu den angenehmen Gefühlen verstellen, sind typisch für Meditationen. Im Grunde genommen sind es keine Störungen. Vielmehr gehören sie dazu. Jeder Meditierende kennt sie. Manchmal treten sie zu Beginn auf, mitunter erst später. Egal, wann Sie damit konfrontiert werden, rechnen Sie damit. Nehmen Sie es nicht als Zeichen, dass etwas schiefläuft. Die Vorkommnisse sind normal und kündigen weitere Fortschritte an.

Ich erinnere mich, dass ich am Anfang sogar Angst vor der Meditation hatte. Ich dachte, in meinem Inneren würden vielleicht unbewusste Gefahren lauern oder Abgründe, in die ich auf Nimmerwiederkehr stürzen würde. Meine Fantasie ist lebhaft. Außerdem fördern einige psychologische Schulen Fehlvorstellungen vom Innenleben. In Wirklichkeit ist nichts dergleichen passiert. Es waren, wie ich bald erkannte, nur negative Gedanken und beunruhigende Vorstellungen. Meditation hat mir geholfen, Abstand davon zu gewinnen. Ich habe im Laufe der Zeit immer besser gelernt, mich bei der Meditation wohlzufühlen, obwohl dies nicht mein Ziel war. Das Ziel besteht wie gesagt darin zu meditieren. Alles andere ergibt sich von allein.

Man darf sich von Ängsten, Unlust und ähnlichen Widrigkeiten nicht abhalten lassen, Gelassenheit zu trainieren. Im Gegenteil: Es ist Bestandteil des Trainings, solche Hindernisse zu überwinden. Wichtig ist, sich darauf einzulassen, dass man Anfänger ist. Man trainiert nicht, weil man es kann, sondern weil man es lernen will. Viele möchten diese Phase gerne überspringen. Es ist ihnen peinlich, sich ungeschickt und unerfahren zu fühlen. Aber es hilft nichts: Da muss man durch.

Wenn man dauerhaft gelassen bleiben möchte, darf man nie nachlassen. Das Gelassenheitstraining unterscheidet sich in dieser Hinsicht nicht von einem Training des Körpers. Hört man damit auf, verliert man bald alle Vorteile, die man sich erarbeitet hat. Deshalb kann man es sich nicht leisten, irgendwann aufzuhören. Tut man es trotzdem, hat man später die Mühe, wieder von vorne anfangen zu müssen.

III. Einsichten gewinnen

Bei der Meditation werden Sie feststellen, dass Sie sich immer besser selbst kennenlernen. Sie verstehen, weshalb Sie so fühlen und handeln, wie Sie es tun. So wie Sie als Kind und Erwachsener die Außenwelt erkundet haben, erschließen Sie sich zunehmend Ihre Innenwelt. Ihre Gedanken und Emotionen sind Ihnen weniger fremd. Sie nehmen sie an, aber lassen sich nicht mehr von ihnen beherrschen.

Sie merken beim Meditieren, wo Ihre Gedanken hindriften, welche Überlegungen und Emotionen bei Ihnen dominieren. Verspannungen und Stressfantasien werden Ihnen schneller bewusst. Sie reagieren nicht mehr automatisch auf sie, sondern erlangen die Freiheit, zu denken, zu fühlen und zu handeln, wie Sie wollen.

Meditation ist die perfekte Vorbereitung für die beiden anderen Methoden, gelassener zu werden und zu bleiben. Was Sie mindestens einmal am Tag 15 bis 25 Minuten üben, wird auch in den übrigen Stunden des Tages immer mehr möglich. Sie können sich jederzeit auf den Atem als Ihren Ruhepol zurückziehen, ohne dass andere es bemerken. Sie leben bewusster. Das wirkt sich positiv auf Ihre Gelassenheit und Ihr gesamtes Leben aus.

Das ABC
der Gelassenheit

Ein alter Hut

Sie werden rüde angerempelt. Empört darüber sind Sie im Begriff, »Passen Sie doch auf, Sie Trampel!« zu brüllen. Da sehen Sie, dass der andere blind ist. Betroffen sagen Sie: »Kann ich Ihnen helfen?«

Sie sind im Theater. Während ein Teil des Publikums die SchauspielerInnen und den Regisseur ausbuht, stehen Sie zusammen mit anderen auf Ihrem Sitz, schwenken Ihre Jacke und rufen: »Bravo, bravo!«

Voller Vorfreude schauen Sie sich einen Film an, der Sie vor einigen Jahren begeistert hat. Anschließend sind Sie jedoch enttäuscht. Sie verstehen kaum noch, warum er Ihnen damals gefallen hat.

Bestimmt haben Sie schon einmal die Erfahrung gemacht, dass Sie eine Situation falsch eingeschätzt haben und sich anschließend korrigieren mussten. Auch dürfte es bereits vorgekommen sein, dass Sie etwas anders beurteilt haben als andere oder Ihre Meinung über eine Sache später geändert haben.

Was haben diese Beispiele gemeinsam? Sie zeigen, dass unsere Gefühle davon abhängen, wie wir ein Geschehen bewerten. Wenn uns jemand anrempelt, empfinden wir das im Allgemeinen als einen Angriff und reagieren entsprechend. Anders ist es jedoch, wenn der andere eine Entschuldigung dafür hat, zum Beispiel, weil er nicht sehen kann.

Wäre ein Theaterstück, ein Film, ein Song oder ein Buch in der Lage, unmittelbar ein Gefühl hervorzurufen, müssten alle dasselbe empfinden. Tatsächlich aber gehen die Meinungen und damit die Reaktionen darüber meist weit auseinander.

Deshalb hat Georg Christoph Lichtenberg seinen Kritikern entgegengehalten, dass ein Buch ein Spiegel sei. Wenn ein Affe hineinsehe, könne kein Apostel herausgucken. (Außerdem fand er, dass es ein sicheres Zeichen für ein gutes Buch sei, wenn es einem immer besser gefalle, je älter man werde. Ich hoffe, dass mein Buch diesen Test besteht.)

Würde etwas direkt Emotionen auslösen, müssten wir bei jedem Kontakt auf dieselbe Weise antworten. Das ist jedoch nicht der Fall. Manche Dinge wie zum Beispiel Filme ändern sich nicht, wohl aber unser Geschmack. So beurteilen wir eine bestimmte Musik nach Jahren oder Jahrzehnten nicht selten neu. Manchmal verlieren wir das Interesse daran. Ein anderes Mal entdecken wir plötzlich das Besondere des Klangs.

Den meisten ist nicht bewusst, dass ihre eigenen Gedanken bestimmen, wie sie fühlen und handeln. Sie sagen »Diese Musik nervt«, »Dieses Gemälde stößt mich ab« oder »Dieser Film hat mich zum Weinen gebracht«, ohne sich darüber im Klaren zu sein, dass diese Dinge dazu nicht in der Lage sind. Es muss eine Meinung hinzukommen, bevor man genervt, abgestoßen, gerührt oder zu etwas hingezogen ist.

Neu ist diese Erkenntnis nicht. Der griechische Philosoph Epiktet hatte sie bereits vor ungefähr 2000 Jahren, und er war sicherlich damals und danach nicht der Einzige. Er hat es so ausgedrückt: »Nicht die Dinge selbst, sondern die Meinungen über dieselben beunruhigen die Menschen.« Der Satz gilt nicht nur für Angst, sondern ebenso für Depressionen, Ärger, Freude, Liebe und Gelassenheit.

Stress entsteht nicht durch äußere Ereignisse, sondern durch die Einschätzung der Situationen. Wenn wir davon überzeugt wären, mit allem fertigzuwerden, wären wir wohl nie besorgt. Könnten wir alles akzeptieren, egal, was es ist, blieben wir stets gelassen.

Die Weisheit Lichtenbergs bezieht sich nicht nur auf Bücher. Die ganze Welt ist ein Spiegel. Wir sehen sie nicht so, wie sie ist, sondern so, wie wir sind.

Ein Freund hat mir einmal erzählt, dass er zusammen mit seinem Zen-Meister eine Familie in Japan besucht habe. Ihm gefielen die Sachen in deren Wohnung nicht. Er fand, sie sähen »billig« aus. Der Zen-Meister sagte zu ihm: »Nicht die Sachen sind es. Deine Gedanken sind billig.«

Extremsituationen

Stimmt es wirklich, dass unsere Gefühle und unser Verhalten davon abhängen, was wir denken? Spricht nicht bereits der normale Menschenverstand dafür, dass die Emotionen direkt von den Umständen bestimmt werden? Wenn man mit einer Schlange allein in einem Raum wäre, hätte doch wohl jeder Angst, oder? Das regeln bestimmt unsere Instinkte, nicht wahr?

Nehmen Sie sich ruhig Zeit, um über diese Fragen nachzudenken. Mir ist nicht daran gelegen, dass Sie mir sofort zustimmen. Ich will Sie nicht überreden, sondern überzeugen. Also, ich hätte vor einer Schlange in meinem Zimmer Angst. Aber was beweist das schon? Ich kenne mich mit Schlangen nicht aus. Daher kann ich giftige nicht von ungiftigen unterscheiden. Bei den ungiftigen käme es auf die Größe an.

Bei jemandem, der im Umgang mit Schlangen geübt ist, sähe es schon anders aus. Er könnte genau einschätzen, ob ihm Gefahr droht oder nicht. Vielleicht wäre ein Schlangenbiss schmerzhaft, aber nicht tödlich. Je nach Schlangenart wüsste derjenige, was er tun oder besser lassen sollte. Ein Schlangenexperte würde sich im Raum umschauen, ob es Möglichkeiten gibt, mit der Schlange fertigzuwerden.

Vor Schlangen hat man also nur Angst, soweit sie einem unbekannt sind, das Leben oder die Gesundheit ernsthaft auf dem Spiel steht und keine Verteidigung möglich ist. Bevor man sich ängstigt, findet blitzschnell eine Bewertung der Situation statt: Gefahr oder nicht? Falls Gefahr, wie groß? Flucht oder Verteidigung vorstellbar? Die Antworten auf diese Fragen entscheiden darüber, ob jemand mit Angst auf eine Schlange reagiert oder nicht. Dabei spielt es keine Rolle, ob die Einschätzung richtig oder falsch ist. Man kann sich vor einer ungefährlichen Schlange ängstigen. Andererseits bleibt man vor einer Giftschlange gelassen, wenn man seine Lage falsch beurteilt oder lebensmüde ist.

Der amerikanische Psychologe Albert Ellis hat das ABC der Gefühle und des Verhaltens so erklärt: A steht für die äußere Situation, B für die Bewertung der Situation und C für die Konsequenzen in Bezug auf die Emotionen und das Verhalten. Bevor Ellis die Rational-Emotive Verhaltenstherapie begründete, waren sogar die meisten Vertreter der wissenschaftlichen Psychologie vom Reiz-Reaktions-Schema überzeugt. Sie meinten, ein äußerer Auslöser sei ohne Weiteres imstande, eine bestimmte Wirkung im Fühlen und Handeln herbeizuführen.

Dieser Meinung sind die meisten Menschen bis heute. Egal, ob es sich um die Liebe, um Kummer und Sorgen, um Ärger und Zorn oder um das Glücklichsein handelt: Wer meint nicht, dass hier allein die Umstände, der Zufall oder göttliche Gnade regieren?

Vor allem für sich selbst nimmt man gerne in Anspruch, für seine Gefühle und sein Verhalten nicht verantwortlich zu sein. Da werden das Temperament, die Hormone, die Gene, das Schicksal, die Instinkte oder was auch immer vorgeschützt, bloß um sich und anderen nicht eingestehen zu müssen, dass man genau so gefühlt und gehandelt hat, wie man dachte.

Bei anderen sieht man dieselben Sachverhalte klarer. Man lässt Ausreden weniger gelten, sondern wirft ihnen vor, dass sie genau das getan und gefühlt haben, was sie wollten. Daher stammt das Wort, man sähe den Splitter im Auge des anderen, aber nicht den Balken im eigenen.

So wundert es einen nicht, wenn beispielsweise religiöse Prediger normales Sexualverhalten als amoralische Ausschweifung verurteilen, selbst aber wenig später mit einem Pornostar im Hotel erwischt werden, obwohl sie verheiratet sind. Menschen, die sich als »Lebensschützer« bezeichnen, weil sie für das ungeborene

Leben eintreten, haben mitunter keine Bedenken, Ärzte zu erschießen, die Abtreibungen vornehmen.

Das ABC der Gefühle und des Verhaltens hat einen großen Nachteil: Man kann nicht mehr das Wetter oder andere für seine Emotionen und sein Handeln verantwortlich machen. Diesem Nachteil entspricht ein ebenso großer Vorteil: Man ist nicht mehr von seinem Temperament, seinen Genen oder den Launen anderer abhängig, sondern kann sich grundsätzlich so fühlen und so verhalten, wie man es möchte.

Wenn ich das meinen Coaching-KlientInnen erkläre, kommt immer mal wieder der Einwand: Aber gilt das auch für Extremsituationen? Die pragmatische Erwiderung darauf lautet: Möchten Sie denn eine für sich in Anspruch nehmen?

Machen wir uns nichts vor: Extremsituationen sind extrem selten. Sonst hießen sie anders. Normalerweise braucht man sich darüber also keine Gedanken zu machen. Für das Leben in Mitteleuropa genauso wie für die meisten anderen Regionen der Welt gilt das ABC der Gefühle uneingeschränkt.

Den ganz Hartnäckigen raube ich die letzten Illusionen dadurch, dass ich frage: Haben Sie den Namen Thich Quang Duc schon mal gehört? Normalerweise kennen nur wenige das ABC der Gefühle und des Verhaltens. Mit dem Namen Thich Quang Duc kann aber garantiert niemand etwas anfangen. Ich bis vor Kurzem auch nicht.

Thich Quang Duc war ein vietnamesischer Mönch, der sich 1966 in Saigon aus Protest gegen die Regierung verbrannt hat. Im Internet finden Sie Bilder davon. Ich würde Ihnen jedoch abraten, sie sich länger anzuschauen, wenn Sie einen empfindlichen Magen haben.

Ich weiß nicht, ob Thich Quang Duc richtig oder falsch gehandelt hat. Mir geht es hier um Folgendes: Wenn ein buddhistischer Mönch, der Jahrzehnte seines Lebens Gelassenheit geübt hat, in der Lage ist, bei klarem Verstand und unter großen Schmerzen in den Tod zu gehen, indem er sich mit Benzin übergießt und anzündet, und dabei bis zur letzten Sekunde vollkommen entspannt zu bleiben, weil er gelernt hat, seine Gedanken, Gefühle und sein Handeln sogar in Extremsituationen zu beherrschen, dann müsste es uns anderen doch wohl möglich sein, mit etwas Training unsere Gelassenheit zu finden und zu bewahren, auch wenn es mal nicht so läuft, wie wir uns das vorstellen.

Das ABC des Fühlens und Handelns gilt ohne Ausnahme. (Sollte es welche geben, müssen wir die hier nicht diskutieren.) Es ist allein eine Frage des Trainings, ob man es schafft, auch in schwierigen Situationen gelassen zu bleiben.

Oder doch
positives Denken?

Wir fühlen und handeln so, wie wir denken. Wenn man sich vom Stress befreien möchte, wäre es dann nicht am besten, immer positiv zu denken? Wer positiv eingestellt ist, müsste sich nach dieser Theorie eigentlich immer gut fühlen und das Richtige tun.

Viele Ratgeber propagieren, jeden Tag Affirmationen zu wiederholen. Das sind einzelne Wörter oder kurze Sätze mit positiven Inhalten wie zum Beispiel »Immer mit der Ruhe«, »Es geht mir mit jedem Tag in jeder Hinsicht immer besser und besser«, »Überall sehe ich Geld und Überfluss«.

Ebenso werden Visualisierungen empfohlen. Dabei stellt man sich beispielsweise vor, am Meer spazieren zu gehen oder am Strand zu liegen und die Sonne zu genießen. Oder man sieht und hört vor seinem geistigen Auge, wie die Geschäftsführerin einem das Gehalt verdoppelt.

Ich gehöre nicht zu denen, die positives Denken, Affirmationen oder Visualisierungen grundsätzlich ablehnen. In vorigen Kapitel über Achtsamkeit habe ich Ihnen vorgeschlagen, Wohlgefühle zu erinnern. Das ist eine Form der Visualisierung. Im weitesten Sinne versteht man darunter nicht nur, sich etwas bildlich vorzustellen, sondern auch in Gedanken etwas zu hören, zu fühlen, zu riechen oder zu schmecken.

Wie so oft im Leben kommt es entscheidend darauf an, wie man etwas gebraucht. Zwei Beispiele dazu: Ohne Wasser könnten wir nicht leben. Wir trinken es, benutzen es zum Waschen und gießen die Pflanzen damit. Im Wasser kann man aber auch ertrinken. Scheren sind überaus nützliche Werkzeuge. Man braucht sie, um Papier zu schneiden, Pakete zu öffnen oder Fäden zu durchtrennen. Andererseits kann man sich oder andere mit Scheren verletzen.

Weshalb sollte das mit positivem Denken anders sein? Visualisierungen werden im Sport und in der Medizin erfolgreich eingesetzt. Immer mehr AthletInnen trainieren nicht nur körperlich, sondern auch mental. Bewegungsabläufe lassen sich auf diese Weise optimieren. Ebenso ist es möglich, sich vor Wettkämpfen auf konkurrierende Teams einzustellen, indem man ihre Spielzüge in der Fantasie vorwegnimmt und geeignete Lösungen gedanklich ausprobiert.

PsychotherapeutInnen helfen ihren AngstpatientInnen, sich in der Vorstellung an Situationen zu gewöhnen, die sie bisher gemieden haben. Menschen, die sich zum Beispiel vor dem Fliegen übermäßig fürchten, können auf diese Weise lernen, ihre Ängste abzubauen. Mithilfe des mentalen Trainings schaffen sie es nach einiger Zeit, stressfrei mit Flugzeugen zu reisen. In der ganzheitlichen Krebstherapie kommen Visualisierungen ebenfalls zum Einsatz.

Affirmationen sind hilfreich, wenn man sich stichwortartig an etwas erinnern will, das man andernfalls leicht vergessen würde. Der regelmäßig wiederholte Satz »Mach's dir leicht« wäre für eine Person, die dazu neigt, jede Arbeit zu verkomplizieren, beispielsweise sehr nützlich.

Auf der anderen Seite können positive Visualisierungen und Affirmationen schaden, wenn sie an der Wirklichkeit vorbeigehen. Sich mehrmals täglich zu sagen: »Es geht mir immer besser und besser«, macht bei einer chronischen, sich mehr und mehr verschlimmernden Krankheit keinen Sinn. Genauso verkehrt wäre es, wenn ein(e) SportlerIn sich ausschließlich vorstellte, dass im Wettkampf alles nach ihren/seinen Wünschen geht. In diesem Fall wäre sie/er auf voraussehbare Schwierigkeiten schlecht vorbereitet.

Positives Denken kann rational oder irrational sein. Darin liegt der entscheidende Unterschied. Wenn man die Tatsachen ausblendet, ist es egal, ob man positiv oder negativ denkt. Die Wirklichkeit wird einen früher oder später einholen. Möglicherweise gibt es dann ein böses Erwachen.

Deshalb kommt es beim ABC der Gelassenheit darauf an, sein Denken so zu verändern, dass die Entspannung nicht auf Kosten der Realität geht.

Fakten, Fakten, Fakten

Menschen neigen dazu, die Tatsachen zu verzerren. In milder Form ist das vollkommen in Ordnung. Optimisten sind dafür bekannt, dass sie die Welt durch eine rosarot getönte Brille sehen. Diese Sichtweise hat viele Vorteile. Psychologen haben festgestellt, dass optimistische Menschen erfolgreicher, freundlicher und gesünder sind als die anderen.

Pessimisten sehen die Dinge, wenn nicht schwarz, so doch etwas getrübt. Auch das kann durchaus vorteilhaft sein. Pessimistisch eingestellte Personen erkennen Probleme früher. Dadurch haben sie prinzipiell die Chance, sie rechtzeitig zu lösen. Leider macht ihnen ihr Pessimismus dabei manchmal einen Strich durch die Rechnung. Sie geben den Lösungen zu wenig Chancen, sodass diese sich unter Umständen nicht richtig entfalten können. Aber solange sich der Trübsinn in Grenzen hält, macht das nichts.

Anders sieht es für diejenigen aus, die die Realität stark verzerrt wahrnehmen. Dann kann das positive Denken manisch werden. Ähnlich wie Drogenabhängige merken übertrieben optimistische Menschen nicht mehr, dass sie gar keinen Grund zur Heiterkeit haben. Sie bemerken Gefahren nicht ausreichend und setzen im schlimmsten Fall ihr Leben, ihre Gesundheit, ihr Geld und ihr Glück aufs Spiel.

Pessimistisches Denken geht manchmal in Depressionen über. Wer sich, die anderen und die Zukunft nur noch negativ sieht, verliert den Spaß am Leben. Mögliche Freuden werden so lange ignoriert, bis alles schwarz erscheint. Nicht dass die Welt tatsächlich derart schlecht ist – aber den Depressiven erscheint sie so.

Jeder, der gelassen leben möchte, sollte sich deshalb darum bemühen, mit beiden Beinen fest auf dem Boden zu stehen und das Denken immer wieder zu entzerren. Ich wiederhole es gern: **Die Tatsachen sind, wie sie sind. Weder gut noch schlecht. Erst unser Denken macht die Dinge so.**

Möchten Sie einmal feststellen, ob Sie die Realität verfälschen? Bekommen Sie bitte keinen Schreck, wenn Sie merken, dass dies der Fall ist. Kaum jemand ist frei davon. Es braucht ein jahrelanges Training, um die üblichen Denkfehler nahezu vollständig abzulegen. So weit muss man nicht unbedingt gehen. Jede einzelne

Wahrnehmungsverzerrung, die man unterlässt oder korrigiert, wird einem die Gelassenheit spürbar näher bringen.

Fast jeder zieht des Öfteren voreilige Schlüsse. Sie auch? Diesen Gedankenfehler erkennt man daran, dass man sich Sorgen macht, und zwar ohne stichhaltigen Grund. Etwas passiert, und schon malt man sich in den düstersten Farben aus, welche unangenehmen Folgen dieses Ereignis haben könnte. Ein Beispiel: Eine Person, die einem etwas bedeutet, verspätet sich. Wenn man voreilig annimmt, ihr sei etwas zugestoßen, macht man sich unnötigerweise Angst um sie. Die Tatsache, dass sie die verabredete Zeit nicht eingehalten hat, kann tausend Gründe haben. Nur einer davon gäbe Anlass zur Sorge, nämlich dass sie sich verletzt hat oder gestorben ist. Diese Annahme ist jedoch normalerweise vollkommen unbegründet. Die bloße Möglichkeit eines Unfalls macht diesen noch lange nicht wahrscheinlich.

Wie oft haben Sie sich unnötigerweise damit beunruhigt, Sie *könnten*

- dem Tode nahe sein,
- eine schwere Krankheit haben,
- arbeitslos werden,
- in Armut verfallen,
- erleben, dass eine wichtige Beziehung auseinandergeht oder

- dass Sie etwas nicht bekommen, was Sie unbedingt haben möchten,
- etwas verlieren, was Sie nicht hergeben wollen,
- mit ansehen, dass dies Personen passiert, die Ihnen nahestehen?

Das ist nur eine kleine Auswahl denkbar überflüssiger Sorgen. Je nachdem, wie oft Sie sich die Zukunft negativ ausmalen, werden Sie darunter leiden.

Hier ein anderer weitverbreiteter Stressgedanke: Glauben Sie zu wissen, dass andere negativ über Sie denken?

Das Problem mit solchen Vermutungen besteht darin, dass Sie oft falsch sind. *Sie können keine Gedanken lesen,* auch wenn Sie es manchmal glauben. Meist übertragen Sie in derartigen Fällen nur Ihre eigene negative Meinung über sich auf andere. Sie vermuten – häufig ohne triftigen Grund –, jemand würde schlecht über Sie denken, weil Sie es an seiner Stelle tun würden. Gedankenlesen ist ein Fehler. Fragen Sie die anderen, wenn Sie wissen wollen, welche Meinung sie sich über Sie gebildet haben. Diese könnte besser sein, als Sie es vermuten!

Bringen Sie sich manchmal aus der Fassung, indem Sie ein negatives Ereignis stark verallgemeinern? Es ist erstaunlich, wie viele mit Ablehnungen nicht umgehen können. Nur weil eine Person, allenfalls eine kleine

Gruppe, mit ihnen nichts zu tun haben will, nehmen etliche an, dass niemand sie mag. Sie schließen von einer Person auf alle. Wenn man so denkt, kann man nicht gelassen bleiben.

Abgewiesen zu werden ist eine normale menschliche Erfahrung. Nur diejenigen, die um wenig bitten, bekommen selten Absagen. Die wenigen, die sich trauen, anderen häufig Angebote zu machen, wissen, dass Zurückweisung Teil des Geschäfts ist, und gewöhnen sich daran. Sie haben gemerkt, dass die Welt davon nicht untergeht, im Gegenteil: Ihr Laden floriert, je mehr Absagen sie in Kauf nehmen.

Wie oft glauben Sie, etwas sei tatsächlich schlimm, nur weil es sich für Sie so anfühlt? Nehmen wir also an, jemand habe Ihr Angebot der Freundschaft, Partnerschaft, Mitarbeit oder was auch immer zurückgewiesen. Aufgrund unzulässiger Verallgemeinerungen meinen Sie nun, Sie hätten keine Chance auf dem Beziehungs- oder Arbeitsmarkt. Dieser Gedanke deprimiert Sie. Sie fühlen sich entsprechend. In diesem Moment kann es leicht passieren, dass Sie gleich noch einen zweiten Gedankenfehler begehen. Sie schließen von Ihren Gefühlen auf die Tatsachen. Da Sie sich deprimiert fühlen, sind Sie überzeugt davon, es sei tatsächlich etwas Deprimierendes geschehen. In Wirklichkeit wurden Sie von einem einzigen Menschen beziehungsweise von einer kleinen Zahl von Personen abgewiesen. Das ist kein Grund für übertriebene Annahmen und starke negative Emotionen.

Ein anderes Thema: Haben Sie die Angewohnheit, andere in Denkschubladen zu stecken? Heften Sie ihnen in Gedanken ein Etikett an, das diejenigen nicht mehr loswerden? Falls ja, könnte dies Ihrem Wunsch, entspannt zu leben, abträglich sein.

Leider leben wir in einer Welt, in der Menschen sehr schnell in Kategorien eingeordnet werden: Genies, Idioten, Künstler, Arbeiter, Gewinner, Versager, Arme, Reiche, Heilige, Sünder, Ehrliche, Betrüger und so weiter. Sehr hilfreich ist das nicht, besonders wenn man selbst in eine dieser Schubladen kommt.

Pauschale Bewertungen sind per se falsch, denn sie widersprechen der Realität. In Wirklichkeit verhalten sich auch Genies mitunter idiotisch, Idioten genial, Gewinner versagen, und Versager gewinnen. Heilige sündigen, und Sünder verhalten sich manchmal wie Heilige. Ehrliche sind nicht immer ehrlich. Betrüger betrügen nicht die ganze Zeit.

Man bringt sich nur aus der Fassung, wenn man Menschen kategorisiert.

Aber das ist noch nicht alles.

Wie Spannung entsteht

Es gibt einen Denkfehler, der alle anderen überragt. Er ist mehr als die übrigen dafür verantwortlich, dass wir nahezu täglich unter Stress leiden. Haben Sie eine Idee, welcher dies sein könnte? Was liegt Kummer und Sorgen, Frustration und Ärger zugrunde?

Der Buddha nannte es »Gier«. Aber dieser Begriff ist nach dem heutigen Sprachgebrauch zu eng gefasst. Gier beziehen die meisten Menschen auf das Verlangen nach Geld und Besitz. Natürlich stammt aus diesem Bereich allein schon viel Verdruss, aber Gier nach dem Materiellen ist es nicht allein, was uns so zu schaffen macht.

Wir kommen der Sache näher, wenn wir uns die Definition des Buddha für Leiden anschauen. Er sagt unter anderem: »Mit Unliebem vereint sein ist Leiden; von

Liebem getrennt sein ist Leiden; nicht erlangen, was man begehrt, ist Leiden.« Das klingt etwas altertümlich, trifft aber den Kern der Sache.

Wir sind immer dann gestresst, wenn die Realität nicht so will wie wir. Wir machen Pläne. Die erfüllen sich nicht. Und schon sind wir sauer, deprimiert oder besorgt. Sauer, wenn wir meinen, wir hätten einen Anspruch gegen das Universum auf Erfüllung unserer Wünsche. Deprimiert, wenn wir glauben, wir könnten nach der Durchkreuzung unsere Pläne nie wieder glücklich werden. Und besorgt, wenn wir denken, es könnte noch schlimmer kommen.

Kennen Sie den? Frage: Wie kannst du Gott zum Lachen bringen? Antwort: Zeig ihm deinen Plan. Dieser Witz wirft ein Schlaglicht auf das Verhältnis zwischen unseren Wünschen und ihrer Erfüllung.

Schon die Vorstellung, es könnte anders laufen, als wir es möchten, kann uns beunruhigen, wie wir oben gesehen haben. Indem man sich eine schlechte Zukunft voraussagt, bereitet man sich unnötig Stress, denn vieles gelingt.

Was der Buddha »vereint sein mit Unliebem« nannte, bezieht sich zum Beispiel auf KollegInnen am Arbeitsplatz, die man nicht mag, auf unangenehme Gedanken und Gefühle, die man am liebsten für immer loswerden möchte, auf NachbarInnen, die man hasst, auf ungeliebte Teile des Körpers oder auf einen Flugplatz, der einem vor die Haustür gebaut wird.

»Getrenntsein von Liebem«, das kann eine Scheidung sein oder die Gesundheit, die einem fehlt, die Spielzeuge der Kindheit, Räume, in denen man sich wohlgefühlt hat, Menschen, die man vermisst, oder Speisen, die man nicht mehr verträgt. All das kann zu einer ewigen Quelle des Unglücklichseins werden.

»Nicht erlangen, was man begehrt.« Wer kennt das nicht? Der Traummann oder die Traumfrau, der Traumberuf, die Traumreise oder auch einfach die Beförderung, die einem versagt bleibt, die Brötchen, die ausverkauft sind, das Grün an der Ampel, der Sonnenschein, den man sich am Wochenende erhofft hat, oder die Puppe, die der Weihnachtsmann nicht gebracht hat. Bleiben diese Dinge aus, sinkt die Laune auf den Nullpunkt. Von Gelassenheit oder Glück keine Spur mehr.

Es sind aber weniger die Wünsche, die sich nicht erfüllen, sondern es ist die Unverfrorenheit der Realität, einem zu versagen, was man um alles in der Welt haben will. Erst wenn Wünsche zu absoluten Forderungen werden und man deren Nichterfüllung als persönliche Beleidigung betrachtet oder als einen Angriff auf seine legitimen Ansprüche, regt man sich auf. Nicht die Ampel, die auf Rot springt, bringt einen auf die Palme, sondern der Gedanke, dies dürfe jetzt nicht und hier nicht und eigentlich sowieso niemals passieren. Ebenso wenig schmerzt es einen, dass man seinen Traummann oder seine Traumfrau nicht findet. Es ist der Gedanke, dass man ohne ihn oder sie nicht richtig glücklich werden kann.

Das ABC der Gefühle ist der Schlüssel zur Gelassenheit. Je nachdem, was man an Punkt B denkt, ist man gestresst oder gelassen.

Was der Buddha als »Gier« bezeichnete, hat Albert Ellis »Muss-turbation« genannt. Es ist das MÜSSEN, mit dem man sich jegliche Gelassenheit raubt. Nicht die Wünsche, sondern deren Unbedingtheit ist das Problem. Solange man sein Glück nicht von der Erfüllung eines bestimmten Wunsches abhängig macht, bleibt man entspannt. In dem Augenblick aber, in dem man denkt: »Wenn ich das nicht bekomme, ist es um mein Glück geschehen«, entsteht eine schier unerträgliche Spannung. Indem man sein Glück in die Waagschale wirft, liefert man sich dem Schicksal aus. Zwingend ist das nicht. Niemand muss so denken.

Müssen, sollen, dürfen. Mit diesen Wörtern kann man sich um den Verstand bringen. »Meine Kinder dürfen nicht sterben«, »Die Welt muss mir jeden Wunsch erfüllen«, »Mein Alter soll man mir nicht ansehen«. Die Liste des Müssens, Sollens, (Nicht-)Dürfens ist endlos. Setzen Sie sie nach Belieben fort. Ihre Forderungsliste ist identisch mit Ihrer Stressliste. Jeder einzelne Punkt, den Sie vom Schicksal verlangen, bezeichnet eine Stelle, an der Sie verletzbar, empfindlich und intolerant sind.

Einer meiner Klassenkameraden hat einen genialen Satz in die Schulbank gekratzt: »Intoleranz ist vermutlich nicht die Basis zur Gründung einer Gemeinschaft.« Das »vermutlich« hätte er getrost weglassen können. Je mehr Bedingungen wir anderen stellen – und umgekehrt diese uns –, desto schwieriger und konfliktreicher wird das Zusammenleben. Unduldsamkeit ist eine Falle. Er muss, sie muss, ich muss. Sie sollte, ich sollte, er sollte. Ich darf nicht, er darf nicht, sie darf nicht.

Fügen Sie dem MÜSSEN noch ein »Wenn es anders kommt, kann ich das nicht aushalten« hinzu, und Sie haben sich eine Hölle gebaut. Aus der kommen Sie nur wieder heraus, indem Sie Vernunft annehmen.

Vernunft ist in unserer Gesellschaft zu einer Art Schimpfwort geworden. Vernünftig heißt so viel wie langweilig, blass und leblos. Ganz zu Unrecht. Vernunft ist ein hoher Wert. Unvernünftige Menschen führen Krieg, machen sich das Leben zur Hölle und zerstören jede Beziehung. Wem es an Vernunft fehlt, der bewegt sich auf der Entwicklungsstufe eines Kindes. Kinder dürfen unvernünftig sein. Es fehlt ihnen an Einsicht, an Erfahrung und Steuerungsvermögen. Für Erwachsene ist unvernünftiges Denken, Fühlen, Reden und Handeln der direkte Weg in den Abgrund, weil es niemanden mehr gibt, der sie davon abhalten könnte. Nur sie selbst können das.

Ich weiß, wovon ich rede. Ich habe lange gebraucht, Vernunft in mein Denken zu bringen. Die Gedankenfehler, die ich hier aufzähle, kenne ich aus eigener Erfahrung. Da ich nicht perfekt bin, mache ich sie manchmal heute noch, aber viel seltener, kürzer und weniger intensiv. Ich bin mit Menschen aufgewachsen, die ein großes Talent für Drama hatten. Von denen habe ich mir einiges abgeschaut. Bis ich gemerkt habe, dass es sich nicht lohnt, diese Familientradition fortzusetzen.

Der Verzicht auf das unbedingte MÜSSEN entspannt das Leben ungemein. Allein schon für dieses Ziel lohnt sich das Gelassenheitstraining. »Vernünftig« bedeutet nämlich »besonnen, klar und überlegt«. So gesehen kann ich mir nicht vorstellen, dass jemand es erstrebenswert findet, unbesonnen, unklar und unüberlegt zu sein.

Im Kopfkino

Beim ABC der Gelassenheit ist es wichtig, nicht nur auf das innere Selbstgespräch zu achten, also auf die Kommentare, die man zu den laufenden Ereignissen abgibt, sondern auch auf das Kopfkino. Damit sind die Bilder und Filme gemeint, die den meisten Menschen unaufhörlich durch den Kopf gehen.

Ich greife noch einmal das vorhin begonnene Beispiel auf. Wenn eine Person, die Ihnen nahesteht, Ihre beste Freundin vielleicht, nicht zur verabredeten Zeit erscheint, könnten Sie sich Sorgen machen, indem Sie sich sagen: »Mein Gott, wenn ihr irgendetwas passiert ist. Das darf nicht sein. Es wäre furchtbar. Ich könnte es nicht ertragen.« Je länger die Zeit überschritten ist, desto dramatischer werden Ihre Gedanken. »Sie ist doch sonst immer pünktlich. Wenn sie jetzt im Krankenhaus liegt! Vielleicht hatte sie einen Unfall. Oder Sie ist tot! Was soll ich nur tun? Da muss etwas passiert sein. Sonst wäre ich doch nicht so aufgeregt.« Im nächsten Moment betritt Ihre Freundin, auf die Sie so besorgt gewartet haben, fröhlich lachend das Café. Sie haben sich unnötig gestresst.

Das innere Selbstgespräch, mit dem Sie sich so sehr beunruhigt haben, enthält gleich mehrere Stressgedanken. Da wäre das Ziehen voreiliger ungünstiger Schlüsse, das MÜSSEN beziehungsweise NICHTDÜRFEN, das Dramatisieren der Folgen und das Schließen von Gefühlen auf Tatsachen.

Ihnen geht vielleicht angesichts einer solchen Situation noch mehr durch den Kopf. Den beunruhigenden Sätzen fügen Sie noch ebensolche Bilder hinzu: Sie sehen vor Ihrem inneren Auge, wie Ihre beste Freundin sich mit dem Auto mehrfach überschlägt und schließlich blutüberströmt auf der Straße liegt. Mit fortschreitender Verspätung werden Ihre Vorstellungen dramatischer. Jetzt fantasieren Sie Bilder von ÄrztInnen, die in einem Krankenhaus aufgeregt um eine leblose Gestalt herumlaufen. Da klopft Ihnen die Person, auf die Sie warten, auf die Schulter. Der Albtraum ist zu Ende. Sie kehren in die Gegenwart zurück.

Gleiche Situation, anderes Denken: Sie ziehen keine voreiligen Schlüsse. Tatsache ist nur, dass Ihre Freundin nicht zum verabredeten Termin erschienen ist. Mehr wissen Sie nicht. Alles andere sind Vermutungen. Sie könnten sich beim Warten die Zeit vertreiben, indem Sie die Passanten beobachten. Falls Sie mutmaßen wollen, warum Ihre Freundin noch nicht da ist, wäre es ratsam, sich etwas zu überlegen, was Ihnen erlaubt, entspannt zu bleiben. Vielleicht musste sie vorher noch etwas anderes erledigen. Oder sie hat sich mit der Zeit verkalkuliert. Im schlimmsten Fall hat sie die Verabredung wohl einfach vergessen. So etwas kommt vor, selbst bei Menschen, die sonst zuverlässig sind. Mit solchen Überlegungen hätten Sie Ihre Ruhe bewahrt.

Verstehen Sie jetzt, wie das innere Selbstgespräch und das Kopfkino darüber entscheiden, wie Sie sich fühlen?

Was nicht weiterhilft

Möglicherweise ist es leichter, sich zu stressen, als locker zu bleiben, denn es gibt so viele Denkfehler. Die Zahl ist nicht unüberschaubar, aber ein gutes Dutzend kommt doch zusammen. Ich will hier nur die wichtigsten aufführen. Es sind die, die uns am meisten zu schaffen zu machen. Einige kennen Sie inzwischen. Wie steht es mit den folgenden? Wie oft kommen die in Ihrem Denken vor?

Alle, immer, keiner, nie: Mit diesen Wörtern gelingt es einem schnell, sich die Hölle heißzumachen. »Keiner mag mich«, »Immer geht mir alles schief«, »Davon werde ich mich nie mehr erholen« sind Beispiele dafür, wie man sich mithilfe des Alles-oder-nichts-Denkens unglücklich macht. Man suggeriert mit Begriffen wie »niemand«, »überall« und »nirgends«, dass keine

Ausnahmen von meist deprimierenden Annahmen existieren.

Die Wirklichkeit kennt selten nur Schwarz oder Weiß. Normalerweise ist die Welt bunt. So sollten wir sie auch wahrnehmen, wenn uns unser inneres Gleichgewicht lieb ist.

Spielen Sie das Positive herunter? Erlauben Sie sich, es überhaupt wahrzunehmen? Manche übertreiben es mit ihrer Kritik. Sie sehen überwiegend das, was problematisch, unvollkommen und mangelhaft ist. Ja, die Welt ist nicht perfekt. Aber sie ist auch nicht hoffnungslos schlecht. Indem man zu sehr auf das Negative achtet, nimmt man sie verzerrt wahr.

Nicht nur die Vernunft wird oft herabgesetzt. Auch Glück, Gelassenheit und Liebe übergießen manche mit Zynismus. Sie glauben nicht daran, dass man angesichts von Gewalt, Armut und Ignoranz ein glückliches und entspanntes Leben führen kann. Sie greifen Andersdenkende verbal an und bezeichnen sie als »Idealisten«, »Utopisten« oder »Gutmenschen«.

Dabei übersehen die maßlosen KritikerInnen, dass ihre Sichtweise einseitig ist. Soweit sie überhaupt etwas Erfreuliches wahrnehmen, spielen sie es herunter. Wer diesen Gedankenfehler, das Herabsetzen des Positiven, auch noch verherrlicht, verfestigt ihn.

Noch einmal: Wir sehen die Welt nicht so, wie sie ist, sondern so, wie wir denken. Unser Bewusstsein nimmt nur einen Ausschnitt der Realität wahr. Wer das

Negative hervorhebt, verdrängt das Positive. Es ist so, als ginge man mit einer Taschenlampe durch eine riesige dunkle Lagerhalle und beleuchtete nur das, was einem missfällt. Sobald der Lichtstrahl auf etwas Schönes fällt, blendet man es aus. Oder man zieht eine dunkle Socke über die Taschenlampe. Dann sieht alles trüb aus.

Machen Sie aus Mücken manchmal Elefanten? Wenn Sie nicht gerade JournalistIn sind, zahlt sich diese Fähigkeit für Sie nicht aus. Nur in der Sensationspresse lohnt es sich, Nichtigkeiten zum Tagesgespräch zu machen oder gar wochenlang am Kochen zu halten. Alle anderen – na gut, die meisten anderen – täten besser daran, Kleinigkeiten nicht überzubewerten.

Vieles ist nicht so wichtig, nicht so schlimm, nicht so dramatisch, wie es auf den ersten Blick scheinen mag. Wenn man sich jedoch angewöhnt hat, bei jeder Unannehmlichkeit zu denken: »Ich halte das nicht aus. Ich breche gleich zusammen. Eine Katastrophe! Wie schrecklich«, werden die Ereignisse des Tages zu einer langen Kette aufwühlender Begebenheiten, und man bewegt sich am Rande des Nervenzusammenbruchs.

Meine Mutter zum Beispiel hätte sich am liebsten aus dem Fenster gestürzt, wenn die Schlagsahne beim Geburtstagskaffee eine Kleinigkeit zu fest geschlagen war. Und das war nur eine der »Katastrophen«, die sich bei solchen Anlässen regelmäßig abspielten. Kein Wunder, dass sie am Ende des Tages völlig erschöpft war.

Über die »misslungene« Schlagsahne konnte sie sich noch Jahre später aufregen.

Wenn Sie ihr nacheifern möchten, rate ich Ihnen, immer ein paar Geschichten parat zu haben, die Sie nach Belieben so lange aufbauschen dürfen, bis Sie das Gefühl bekommen, es im Leben richtig schwer zu haben.

Aber mal im Ernst: Wollen Sie das wirklich?

Albert Ellis nannte diesen Vorgang, unangenehme Dinge negativ überzubewerten, »verschrecklichen«. Im Original: *awfulizing*. Einige übersetzen das mit »katastrophisieren«, aber »verschrecklichen« gefällt mir besser: die Verschrecklichung des Alltags.

Ich habe als Teenager mal eine Zeitlang in einem Pressebüro gearbeitet. Dort wurde auch PR für Filme, SchauspielerInnen und SängerInnen gemacht. Da es eigentlich selten etwas Wichtiges zu vermelden gab, musste das Banale attraktiver, gefährlicher oder packender dargestellt werden. Eines Tages kam der Geschäftsführer aus seinem Büro und fragte nach einem Lineal: »Wie viel sind eigentlich fünfzehn Zentimeter?« Ein Schauspieler hatte bei den Dreharbeiten einen kleinen Kratzer an der Wange abbekommen. Fünfzehn Zentimeter schienen dem PR-Mann aber dann doch zu viel.

Die Bedeutung alltäglicher Widrigkeiten wird auf Kosten der Gelassenheit übertrieben. Misst man sie an echten Problemen, bleibt eigentlich nicht viel übrig.

Harmlose Ereignisse, die nicht der Rede wert sind, bekommen viel zu viel Aufmerksamkeit. Normale Schwierigkeiten werden zu wichtig genommen.

Kehren wir das Ganze doch einmal um.

Im Gegenteil

Sie kennen jetzt die wichtigsten Denkmuster, die zu Stress führen, und zwar unabhängig davon, was tatsächlich passiert. »Unabhängig davon, was passiert«: Das ist der springende Punkt. Man braucht keine sogenannte Stresssituation, um seine Gelassenheit zu verlieren. Die Gedanken allein sind dazu in der Lage.

Für Gedankenfehler ist es charakteristisch, dass sie die Wirklichkeit verzerren. So werden aus prinzipiell erträglichen Geschehnissen mehr oder weniger schwer zu verkraftende Erfahrungen.

Besonders deutlich wird dieser Zusammenhang bei einem harmlosen Ereignis. Nehmen wir an, jemand bekommt versehentlich bei einer Gehaltszahlung anstatt der ihm zustehenden 2500 Euro 500 Euro weniger überwiesen. Das ist, wie die meisten mir wohl zustimmen werden, keine Katastrophe. Derjenige kann daraus aber durchaus ein Drama machen, wenn er denkt: »Das ist eine Sauerei. Die in der Lohnbuchhaltung sind alle Idioten. Heute sind es 500 Euro weniger, beim nächsten Mal werden es 1000 Euro sein, und bald überweisen die mir gar nichts mehr. Die halten mich wohl für den Deppen hier in der Firma. Das dürfen die mit mir nicht machen. Ich muss etwas dagegen unternehmen.« Sprach 's, ging zu seinem Chef, beleidigte diesen und die MitarbeiterInnen der Buchhaltung aufs Gröbste und wurde daraufhin fristlos entlassen.

Situationen, die von den allermeisten sowieso schon als problematisch eingestuft werden, lassen sich durch Denkfehler mühelos schlimmer machen. So zum Beispiel, wenn einer die Treppe herunterfällt und sich den Arm bricht. Das ist schmerzhaft und mit wochenlangen Unannehmlichkeiten verbunden. Mit Stressgedanken kann man den Ausrutscher aber noch wesentlich schlimmer machen: »Was ist, wenn die Knochen nicht richtig zusammenwachsen? Dann bleibe ich ein Leben lang ein Krüppel. Man hört doch, dass die Patienten in Krankenhäusern sich häufig noch eine Infektion einfangen. Mein Gott, ich könnte daran sterben. Es tut so furchtbar weh. Ich kann das nicht aushalten. Keiner kümmert sich um mich. Ich glaube, die können mich nicht leiden.«

Mithilfe von Stressgedanken schafft man es leicht, aus Kleinigkeiten Probleme und aus Problemen Katastrophen zu konstruieren.

Wie wäre es, das Denken zur Abwechslung mal zum Vorteil zu nutzen? So lassen sich missliche Umstände erheblich entschärfen. Man gewinnt sein inneres Gleichgewicht schnell zurück oder verliert es erst gar nicht.

Genauso wie man aus jeder beliebigen Situation ein Drama machen kann, ist es möglich, gelassen zu bleiben oder sogar seinen Spaß dabei zu haben. Die Tatsachen geben dem Denken keine bestimmte Richtung vor. Wie man sie bewertet, hängt vielmehr von den individuellen, familiären, gesellschaftlichen und kulturellen Denkgewohnheiten ab.

Zwei sehr alte Komiker gehen zum Begräbnis eines Kollegen. Als die Trauerfeier vorbei ist, fragt der eine den anderen: »Wie alt bist du eigentlich?« – »Fünfundneunzig.« – »Lohnt sich gar nicht mehr wegzugehen, was?«

Ob sich dieser Dialog wirklich so zugetragen hat, weiß ich nicht. Vielleicht ist es nur ein erdachter Witz. Jedenfalls ist es ungewöhnlich, dem Tod mit Humor zu begegnen. Niemand muss die Tatsache der eigenen Sterblichkeit weglachen. Aber genauso wenig ist es zwingend, Sterben ausschließlich mit Trauer, Ernst oder Düsternis zu verbinden.

Ronald Culberson erzählt in seinem Buch »Do it well. Make it fun. The key to success in life, death and almost everything in between« die Geschichte seines

Unfalls: Er genießt in vollen Zügen eine Motorradfahrt, als plötzlich vor ihm jemand wendet. Sofort ist ihm klar, dass es brenzlig werden wird. Er denkt noch: »Verdammt, der Helm ist neu. Verdammt, ich bin erst 48.« Dann macht er eine heftige Ausweichbewegung, wie er sie in der Fahrschule gelernt hat.

Als er wieder bei vollem Bewusstsein ist, stellt er fest, dass er noch lebt und aufstehen kann. Bei einem Blick in den unversehrten Rückspiegel sieht er jedoch, dass sein Gesicht aufgrund einer langen Schnittwunde blutüberströmt ist.

Ein Ersthelfer läuft auf ihn zu und fragt ihn nach dem Datum. Culberson muss lachen, obwohl er weiß, warum der Sanitäter das fragt. Im Krankenhaus wird er gründlich untersucht. Außer der Schnittverletzung ist er in Ordnung. Als eine Krankenschwester seine Gesichtswunde versorgt, fragt er sie, ob er anschließend noch eine Gurkenmaske und Pediküre haben könnte. Sie fängt schallend an zu lachen. So geht es immer weiter. Culberson setzt sein Motto, das Richtige zu tun und Spaß zu haben, konsequent um.

Culberson hätte bei dem Unfall sterben können. Tatsache ist jedoch, dass er außer den Schäden an seinem Motorrad nur eine verhältnismäßig harmlose Verletzung erlitten hat. Deshalb sind seine Scherze nicht unangemessen. Er verhält sich vernünftig, indem er sein Motorrad so geschickt wie möglich steuert und sich nach dem Unfall im Krankenhaus behandeln lässt.

Es ist ungewöhnlich, dass er aus dem Vorfall kein Drama, sondern darüber Scherze macht. Aber würde es ihm in irgendeiner Weise helfen, zu jammern und zu klagen?

Das ABC trainieren

Das ABC der Gelassenheit fällt einem nicht in den Schoß. Man muss es genauso üben wie das Lesen, Schreiben und Rechnen. Den ersten Schritt kennen Sie bereits: Achtsamkeit trainieren. Bevor man seine Stressgedanken durch entspanntere ersetzen kann, muss man sie überhaupt erst einmal bemerken.

Normalerweise sucht man die Ursachen des Stresses in der Außenwelt. Das nenne ich den »AC-Irrtum«. A steht für ein Ereignis in der Außenwelt, C für die Reaktion, die Konsequenz (englisch *consequence*). Die meisten glauben, sie reagieren auf Außenreize. Das stimmt nicht.

In Wirklichkeit reagiert man auf Gedanken. Das nenne ich das »ABC der Gefühle«. B steht für die *Bewertung*. Erst die Bewertung eines Außenreizes führt zu Konsequenzen im Fühlen und Handeln. Hält man etwas für gefährlich, bekommt man Angst, beispielsweise wenn man annimmt, ein Kampfhund werde einen gleich beißen. Verliert man die Hoffnung, wird man depressiv, wenn man meint, in Zukunft nie wieder glücklich zu werden. Glaubt man, jemand habe die eigenen Rechte verletzt, reagiert man verärgert. Wer der Ansicht ist, einen Anspruch auf allzeit freie Fahrt zu haben, ärgert sich über alle roten Ampeln.

Solange man die Ursachen des Stresses in der Außenwelt vermutet, bemüht man sich von morgens bis abends, alles so einzurichten, dass nichts mehr stört. Diese Strategie geht leider nicht auf. Ein kritischer, unzufriedener Geist wird immer etwas finden, was ihm missfällt, und schon setzt sich das Hamsterrad wieder in Bewegung.

Der Versuch, die Außenwelt nach den eigenen Vorstellungen zu gestalten, muss scheitern. Wenn sieben Milliarden Menschen mit den unterschiedlichsten Bedürfnissen und Wünschen an die Welt daran arbeiten, das Äußere auf ihr Inneres abzustimmen, kommen sie sich zwangsläufig in die Quere. Daraus resultieren die zahlreichen Konflikte unter Nachbarn, Arbeitskollegen und selbst unter Freunden.

Das heißt nicht, dass man aufhören sollte, seine Umwelt zu verändern. Aber es ist besser, dies nicht mit dem Vorsatz zu tun, dass eines Tages alles so sein wird, wie man es haben möchte. Selbst wenn es einem gelingen sollte, das zu bekommen, was man sich so sehnlich wünscht, funktioniert dieses Streben nicht. Für jeden Wunsch, den man sich erfüllt, wachsen sieben neue nach. Diese Erfahrung dürfte fast jeder schon gemacht haben. Eine Zeitlang hat die liebe Seele Ruh. Dann verlangt sie nach MEHR. Sie möchte etwas Neues, das genauso schön, schnell oder groß ist oder am liebsten noch größer, noch schöner und noch schneller.

Als Alternative kommt nur eine Veränderung der Innenwelt in Betracht, und das sind die Gedanken. Vor allem die Denkfehler gilt es zu korrigieren. Ich zähle sie noch einmal auf:

- alles oder nichts,
- das Positive abwerten,
- von Emotionen auf Tatsachen schließen,
- vorschnelle negative Schlüsse ziehen,
- sich eine schlechte Zukunft vorhersagen,
- Vermutungen anstellen, besonders negative, was andere über einen denken,
- sich und andere in Schubladen stecken,
- aus Mücken Elefanten machen (übertreiben),
- zu sehr verallgemeinern,
- MÜSSEN, SOLLEN, NICHT DÜRFEN.

Drehen wir diese um. Dann haben Sie einen ersten Anhaltspunkt, in welche Richtung Sie Ihr Denken entwickeln sollten, wenn Sie gelassener werden möchten. (Übrigens stellt der Begriff »sollten« in diesem Satz kein absolutes Sollen dar – denn Sie müssen Ihre Denkfehler nicht aufgeben –, sondern er steht in einer konditionalen Beziehung. Nur wenn Sie gelassener werden wollen, müssen Sie bestimmte Denkgewohnheiten aufgeben. Ohne eine solche Veränderung bleibt alles beim Alten, das heißt beim Stress).

Aus den Stressgedanken wird ein entspannteres Denken:

- sowohl als auch,
- das Positive würdigen und genießen,
- Emotionen von Tatsachen unterscheiden,
- sich an die Fakten halten,
- sich eine gute Zukunft prophezeien,
- Vermutungen, insbesondere negative, unterlassen, was andere über einen denken,
- sich und andere differenziert sehen,
- Mücken Mücken sein lassen (nicht übertreiben),
- aus einem einzelnen Ereignis nicht automatisch auf viele weitere schließen,
- AKZEPTIEREN, TOLERIEREN, ERLAUBEN.

Ich stelle Ihnen verschiedene Strategien vor, wie Sie gelassenes Denken systematisch üben können. Am Anfang kann es sinnvoll sein, diese Übungen schriftlich zu machen. Später brauchen Sie das nur noch, wenn Sie emotional sehr aufgewühlt sind. Das Schreiben verlangsamt das Denken und macht es übersichtlicher.

Nehmen Sie ein Blatt Papier und ziehen Sie in der Mitte einen senkrechten Strich, sodass Sie zwei Spalten zum Schreiben bekommen. Durch zwei waagerechte Striche teilen Sie das Blatt in insgesamt sechs Felder auf. Am Computer können Sie eine entsprechende Vorlage anlegen.

Das linke obere Feld betiteln Sie mit A, das Feld darunter mit B und das darunter mit C. Gegenüber A liegt DA, gegenüber B DB, und gegenüber C liegt E.

In der Regel beginnen Sie das ABC mit C. Hier notieren Sie, was Sie fühlen und wie Sie reagieren. Es ist am einfachsten, hier zu beginnen, weil der Ausgangspunkt einer ABC-Analyse Ihr Stress ist. In C tragen Sie beispielsweise ein: »In Rage« oder »Porzellanbecher auf den Boden geworfen«. Die meisten wissen, wie sie sich fühlen und was sie tun. Wer seine Gefühle überhaupt nicht benennen kann oder nicht weiß, ob es sich bei seiner Emotion um Angst, Enttäuschung oder Ärger handelt, sollte dies bei einer/einem TherapeutIn unterscheiden lernen.

Es genügen Stichwörter wie »stocksauer«, »panisch«, »irritiert« oder »traurig«. Wichtig ist noch, dass Sie die Intensität des Stresses auf einer Skala von 0 bis 10 einschätzen, also beispielsweise Ärger 9, Trauer 3.

Das nächste Feld, das Sie ausfüllen, ist A. Beschreiben Sie so sachlich wie möglich, was in der Außenwelt passiert ist, bevor Sie so ärgerlich wurden. Beispiel: Sie haben im Bad eine offene Zahnpastatube gefunden.

Was ging Ihnen durch den Kopf, als Sie die offene Zahnpastatube sahen? Tragen Sie Ihre Gedanken im Feld B ein und nummerieren Sie sie. Beispiel:

1. Mein(e) PartnerIn räumt nach dem Zähneputzen nie die Tube weg.
2. Sie/er lässt sie einfach irgendwo offen herumliegen.
3. Ich habe ihr/ihm schon tausendmal gesagt, dass ich das hasse.
4. Das macht man einfach nicht, schon gar nicht, wenn man weiß, dass die/der andere das nicht mag.
5. Die Zahnpasta trocknet jedes Mal ein.
6. Ich halte das nicht mehr aus.
7. Da ist man irgendwie hilflos.

Das ist das ABC des Stresses. Sie sehen hier klar und deutlich, dass zwischen dem Ereignis A und den Folgen C bestimmte Bewertungen B stehen, auch wenn Sie vielleicht im Moment noch davon überzeugt sind, dass A und nicht B für Ihren Ärger verantwortlich ist.

Als Nächstes beginnen Sie in der rechten Spalte wieder mit dem untersten Feld, also E. Wie möchten Sie sich fühlen, wenn Sie sehen, dass Ihr(e) PartnerIn im Bad eine offene Zahnpastatube hinterlassen hat? Was möchten Sie tun, anstatt den porzellanen Zahnputzbecher Ihres Partners oder Ihrer Partnerin vor Wut auf dem Boden zu zertrümmern oder eine Grundsatzdiskussion vom Zaun zu brechen?

Beispiel: allenfalls leicht irritiert sein, die Nerven behalten, nichts zerstören, mit Ihrer/Ihrem PartnerIn über Lösungsmöglichkeiten reden.

E steht für entspannte Gefühle und effektives Handeln.

Bevor Sie Ihre Gedanken korrigieren, lohnt es sich, bei DA zu prüfen, ob Sie die Situation sachlich beschrieben haben. D ist eine Abkürzung für »Diskussion«, »Debatte« oder »Disput«. Unter DA diskutieren Sie, ob Sie sich an die reinen Fakten gehalten haben. Eine Hilfe dabei ist, sich zu fragen, was eine Kamera aufgezeichnet hätte.

Im Beispiel gibt es daran nichts auszusetzen: Im Bad lag eine offene Zahnpastatube. So wie Sie es beschrieben haben, hätte es auch eine Kamera aufgezeichnet. Anders wäre es, wenn Sie unter A festgehalten hätten: Mein(e) PartnerIn will mich provozieren, indem sie nach dem Zähneputzen extra die Tube nicht wieder verschließt. Das hätte eine Kamera nicht beobachtet. Nur die geöffnete Zahnpastatube ist eine Tatsache. Dass Ihr(e) PartnerIn Sie auf diese Weise provozieren will, ist ein Gedanke, eine Vermutung, die ins Feld B gehört.

Kommen wir nun zum Feld DB. DB heißt »Diskussion der Bewertungen«. Sie prüfen, ob Ihre Gedanken Fehler enthalten, die dazu führen, dass Sie gestresst sind. Diskutieren Sie jeden Gedanken einzeln. Die Fragen, von denen Sie sich dabei leiten lassen, lauten:

a) Stimmt das? Welche Beweise gibt es dafür?
b) Hilft es mir, so zu denken? Sind meine Gedanken geeignet, gelassen zu bleiben und mich vernünftig zu verhalten? Sind meine Gedanken gut für meine Gesundheit, mein Wohlbefinden, meine Beziehungen und meinen Erfolg?

Beispiel:

1. Mein(e) PartnerIn räumt nach dem Zähneputzen nie die Tube weg.
   Stimmt das? Nein, das stimmt so nicht. »Nie« ist eine Übertreibung. Es kommt vielleicht ein-, zweimal in der Woche vor. Manchmal schafft sie/er es wochenlang, die Tube zu verschließen und wegzuräumen.
2. Sie/er lässt sie einfach irgendwo offen herumliegen.
   »Einfach irgendwo« stimmt nicht. Wenn mein(e) PartnerIn die Tube nicht zumacht, lässt sie/er sie auf dem Waschbecken rechts

neben dem Wasserhahn liegen, den Verschluss links davon.

3. Ich habe ihr/ihm schon tausendmal gesagt, dass ich das hasse.

»Tausendmal« ist übertrieben. Ich habe es ihr/ihm weniger als zehnmal gesagt. Indem ich die Sache so aufbausche, kommt es mir schlimmer vor, als es ist.

4. Das macht man einfach nicht, schon gar nicht, wenn man weiß, dass der andere das nicht mag.

Stimmt das? Nein, eigentlich sage ich damit, dass NIEMAND AUF DER WELT die Zahnpastatube geöffnet liegen lassen DARF. Aber es gibt kein Gesetz, das dies verbietet. Ich stelle eine absolute Forderung an meine(n) PartnerIn, obwohl es lediglich mein Wunsch ist, dass sie/er so wie ich die Tube nach dem Zähneputzen wieder verschließt. Absolute Forderungen helfen mir nicht weiter. Sie regen mich bloß unnötig auf.

Es stimmt, dass mein(e) PartnerIn weiß, dass es mir lieber wäre, sie/er würde es so machen, wie ich es mir vorstelle. Aber das bedeutet nicht, dass sie/er sich danach richten *muss*. Ich tue auch nicht alles, was sie/er gerne möchte.

5. Die Zahnpasta trocknet jedes Mal ein.

Eigentlich trocknet sie nur am Rand etwas ein.

6. Ich halte das nicht mehr aus.
   Stimmt das? Nein, ich halte das schon aus, aber ich mache mich mit meinen Stressgedanken sehr wütend. Meine Wut macht mir mehr zu schaffen als die Sache an sich, die eigentlich eine Lappalie ist.

7. Da ist man irgendwie hilflos.
   Tatsache ist, dass ich nicht bestimmen kann, wie mein(e) PartnerIn sich verhält. Trotzdem bin ich nicht hilflos, weil ich die Wahl habe, ob ich mir Stressgedanken mache und mich entsprechend ärgern oder ob ich das Ganze gelassen betrachten und ruhig bleiben will.

8. Mein(e) PartnerIn will mich provozieren.
   Das ist Gedankenlesen. Ich weiß nicht, was sie/er will. Um es zu erfahren, müsste ich sie/ihn fragen. Ich unterstelle ihr/ihm eine Provokation. Das hilft mir überhaupt nicht weiter. Wenn ich daraufhin ihren/seinen Porzellanbecher auf den Boden werfe, schade ich nur unserer Beziehung. Das ist keine vernünftige Art, Konflikte auszutragen.

Zum Schluss bewerten Sie noch einmal auf einer Skala von 0 bis 10, ob Ihnen diese neuen Gedanken helfen, sich so zu fühlen und so zu handeln, wie Sie es möchten.

Durch die ABC-Analyse und die Korrektur der Gedankenfehler entsteht ein Selbstgespräch, das es einem erlaubt, gelassen zu bleiben und sich angemessen zu verhalten. Wenn man es zusammenfasst, hört es sich so an:

Mein(e) PartnerIn lässt ab und zu die Zahnpastatube geöffnet auf dem Waschbecken liegen. Das stört mich. Aber es ist keine Katastrophe, auch wenn es mir lieber wäre, sie/er würde sie schließen und wegräumen. Es passiert dadurch nichts Schlimmes. Die Zahnpasta trocknet dadurch ein wenig aus, und das ist alles. Damit werde ich leicht fertig. Es gibt Schlimmeres im Leben, als dass die/der PartnerIn die Zahnpastatube manchmal offen liegen lässt. Bei anderen ist das Badezimmer mit Tuben, Fläschchen und allem möglichen Kram übersät, und auch das ist keine Katastrophe. Ich werde noch einmal in Ruhe mit ihr/ihm darüber reden, wie wir das Problem praktisch lösen können. Jedenfalls wird es für mich in Zukunft kein emotionales Problem mehr sein, egal, wie oft sie/er die Zahnpastatube wegräumt oder nicht.

Finden Sie dieses Beispiel banal? Ich auch. Aber sind es nicht genau diese Dinge, mit denen wir uns pausenlos

Stress bereiten? Echte Katastrophen wie Erdbeben mit Hunderten von Toten und Zehntausenden von Obdachlosen sind selten. Wir regen uns dagegen über rote Ampeln, unfreundliche KassiererInnen und verlegte Schlüssel auf.

Als bei dem amerikanischen Schriftsteller Charles Bukowski Krebs diagnostiziert wurde, schrieb er, dass sich zur selben Zeit irgendwo auf der Welt jemand in einer Reinigung wahrscheinlich darüber aufregt, dass sein Hemd einen Fleck abbekommen hat. Wenn Sie sich daran erinnern, haben Sie eine weitere Methode zur Verfügung, um gelassen zu bleiben. Fragen Sie sich einfach: »Wie viele Menschen auf der Welt würden ihre Probleme gerne gegen meine eintauschen?«

Das ABC der Gelassenheit ist nicht nur bei alltäglichen Problemen, sondern auch bei größeren Herausforderungen hilfreich. Die Methode wurde in der Depressionsforschung entwickelt und gehört heute zu den wenigen Verfahren, die sich als wirksam erwiesen haben. Inzwischen wird es auch bei anderen psychischen Problemen erfolgreich angewendet.

Lassen Sie es erst gar nicht so weit kommen, dass Sie psychisch erkranken und die Hilfe von ÄrztInnen und PsychotherapeutInnen benötigen. Beugen Sie mithilfe der in diesem Buch vorgestellten Trainingsmethoden solchen Schwierigkeiten lieber vor.

Wenn Sie Ihre Stressgedanken entschärfen wollen, achten Sie besonders darauf, ob sich hinter Ihren Überlegungen ein MÜSSEN verbirgt. Manche formulieren ihre Gedanken auf eine harmlose Weise und sprechen ihre absoluten Forderungen nicht aus. In unserem Beispiel klingt das so: »Mein(e) PartnerIn lässt immer die Zahnpastatube offen liegen. Warum macht sie/er das bloß? Das macht man doch nicht.« Diese Sätze kann man ganz entspannt sagen oder mit immensem Groll in der Stimme. Ist Letzteres der Fall, kommen die wahren Gedanken nur in dem Gefühl, nicht aber in den Worten zum Ausdruck. Sonst würde es so klingen: »Mein(e) PartnerIn räumt die Zahnpasta nicht weg. DAS LASSE ICH NICHT ZU. DAS AKZEPTIERE ICH NICHT. ER/SIE DARF DAS NICHT TUN. ER/SIE MUSS SICH SO VERHALTEN, WIE ICH MIR DAS VORSTELLE. WENN ER/SIE ES NICHT TUT, MUSS ER/SIE BESTRAFT WERDEN, INDEM ICH IHREN/SEINEN ZAHNBECHER KAPUTT MACHE.«

Ohne den Zwang und den Druck des MÜSSENS ist es möglich, sich zu entspannen, egal, was passiert. Deshalb empfehle ich Ihnen, sehr sparsam mit solchen Gedanken umzugehen. Wenige Situationen sind es wert, so viel Druck in sich und um sich herum aufzubauen.

Auch wenn das ABC der Gelassenheit auf den ersten Blick kompliziert aussehen mag, ist es im Kern einfach. Es geht darum, sich seine Gedanken bewusst zu machen und Dramatisierungen, Übertreibungen und absolute Forderungen weitgehend aufzugeben. Je mehr man sich an die Fakten hält sowie Unterstellungen und Vermutungen unterlässt, desto entspannter stellen sich einem die Tagesereignisse dar. Tatsachen können einen nicht aufregen. Das schafft man nur mit Stressgedanken.

Bringen Sie sich mit der Frage »Was würde eine Kamera jetzt sehen?« immer wieder in die Realität zurück. Die Albträume, die wir uns ausmalen, wenn etwas geschieht, was unseren Erwartungen widerspricht, sind schlimmer als das, was sich aller Wahrscheinlichkeit nach ereignen wird. Wenn Sie sich daran halten, sterben Sie nur einen Tod und nicht tausende.

Je flexibler Sie im Denken sind, desto einfacher wird es für Sie sein, sich auf Veränderungen einzustellen. Unsere Pläne werden täglich mehrfach durchkreuzt, so zum Beispiel, wenn Ihre gewohnten Wege gesperrt sind und Sie Umwege fahren müssen. Ihre Erwartung, sich auf den gewohnten Bahnen bewegen zu können, wird enttäuscht. Innere Welten lassen sich jedoch leichter wiederaufbauen als äußere, indem man einen neuen Plan macht. Trotzdem fällt das vielen sehr schwer, wenn sie ihre Arbeit verlieren oder eine Beziehung auseinandergeht.

Der Buddha hat gesagt, man solle das Annehmen von Gewohnheiten vermeiden. Auf der Erde sind die Dinge räumlich und zeitlich begrenzt. Deshalb ändert sich früher oder später alles. Gewohnheiten behindern die Anpassung an veränderte Umstände. Deshalb ist es wichtig, im Denken und Handeln beweglich zu bleiben.

Sich verschiedene Möglichkeiten vorzustellen und damit zu experimentieren ist ein wirksames Mittel gegen das zwanghafte muss-Denken.

Indem man umzieht, den Beruf wechselt, neue Beziehungen eingeht oder den Tag anders strukturiert, macht man die Erfahrung, dass nicht alles unbedingt so bleiben muss, wie man es gewohnt war. Man kann auf verschiedene Weisen glücklich werden. Aber es sind nicht einmal große Veränderungen erforderlich, um mehr Flexibilität ins Denken, Fühlen und Handeln zu bringen. Man kann beispielsweise seine Haare anders frisieren, sich anders kleiden, andere Bücher lesen, andere Filme schauen oder andere Leute treffen als gewohnt.

Stellen Sie Ihre Überzeugungen gelegentlich infrage. Prüfen Sie, ob sie noch gültig sind und ob sie Ihnen helfen, so zu leben, wie Sie es gerne möchten. Hören Sie sich andere Meinungen an und bemühen Sie sich, sie zu verstehen. Lassen Sie andere Religionen, Weltanschauungen und Kulturen gelten. Machen Sie sich bewusst, dass jeder die Welt aus einem anderen Blickwinkel sieht. Diese Vorschläge können Ihnen helfen, weniger starre Erwartungen an sich, an andere und an die Welt zu stellen. Auch wenn das Liegenlassen einer offenen Zahnpastatube nebensächlich ist, so wird damit doch die Toleranz bereits herausgefordert.

Lernen Sie, häufiger das Gegenteil Ihrer Gedanken für möglich zu halten, im Schlechten wie im Guten.

Wenn Sie dazu neigen, immer das Schlechteste anzunehmen, vermuten Sie öfter etwas weniger Schlechtes, etwas Besseres, etwas Gutes oder gar das Beste. Umgekehrt genauso. Wagen Sie es zu denken, dass ein Plan nicht aufgehen könnte, und schaffen Sie sich rechtzeitig Alternativen.

Erzählen Sie sich die bestmöglichen Geschichten über sich, über andere, über das Leben und über die Welt. »Bestmöglich« heißt, dass die Realität Ihnen nicht entgegensteht und Sie an sie glauben können.

Ziel des ABCs ist nicht allein eine Veränderung des Denkens, sondern gerade auch des Fühlens und Handelns. Es kommt entscheidend darauf an, dass Sie Ihre Gedankenfehler einsehen und sich davon überzeugen, dass ein entspannteres Denken für Ihre Gesundheit, Ihre Beziehungen und Ihre Ziele vorteilhafter ist.

Was können Sie tun, wenn Sie nach einer ABC-Analyse merken, dass Sie nicht gelassener geworden sind? Prüfen Sie noch einmal, was Ihnen durch den Kopf gegangen ist, als die Sache passiert ist:

- Welche Gedanken regen Sie auf?
- Welche Überlegungen deprimieren Sie?
- Welche Vorstellungen machen Ihnen Sorgen?

Suchen Sie eventuelle Gedankenfehler:

- Ziehen Sie voreilige Schlüsse?
- Unterstellen Sie anderen schlechte Absichten?
- Übertreiben Sie die möglichen Folgen?
- Stellen Sie absolute Forderungen?

Fragen Sie:

- Stimmt das?
- Ist das wirklich wahr, oder rede ich mir nur etwas ein?
- Gibt es Beweise für meine Vermutungen?
- Helfen mir meine Gedanken, mich so zu fühlen, wie ich möchte?
- Unterstützen mich meine Überlegungen dabei, meine Ziele zu erreichen?
- Fördert dieses Denken meine Beziehungen zu anderen?
- Sind solche Fantasien meiner Gesundheit dienlich?
- Was habe ich davon, wenn ich die Sache so sehe?

Finden Sie hilfreichere Gedanken:

- Was würde ich einer/einem FreundIn an meiner Stelle sagen?
- Wenn ich das Gegenteil dächte: Wie würde sich das anhören? Wie würde ich mich dann fühlen? Was wäre mir dann möglich?
- Mal angenommen, die Sache hätte ein Happy End: Wie könnte das aussehen? Was würde ich dann anders machen als jetzt?
- Welche drei Überlegungen helfen mir, die Sache zu akzeptieren?

Wenn Sie es geschafft haben, die Sache anders zu beurteilen, und Sie sich dadurch besser fühlen und effektiver handeln können, ist es wichtig, dass Sie sich Ihre neuen Gedanken einprägen; denn Ihre alten Denkgewohnheiten werden nicht so schnell aufgeben. Sie müssen damit rechnen, dass Ihre früheren Überlegungen, Emotionen und Verhaltensweisen noch längere Zeit immer wiederauftauchen. Setzen Sie Ihnen Ihr neues Denken, Fühlen und Handeln entgegen.

Indem Sie sich alternative Denkweisen geschaffen haben, besitzen Sie jetzt die Wahl. Wollen Sie so wie gewohnt reagieren? Oder möchten Sie Ihre neuen Vorstellungen verwirklichen?

Die meisten Menschen fühlen sich am Anfang wie SchauspielerInnen oder HochstaplerInnen, wenn sie anders denken, fühlen und handeln als gewohnt. Es scheint ihnen nicht echt zu sein. Das gibt sich mit der Zeit. Machen Sie sich klar, dass Ihr altes Verhalten auch nur eine Rolle war, wenn auch eine sehr vertraute. Wer immer den Schurken/das Luder gespielt hat, kommt sich als Gentleman/Lady zunächst fehlbesetzt vor. Spielen Sie Ihre neue Rolle so lange weiter, bis sie Ihnen in Fleisch und Blut übergegangen ist und Sie sich darin wohlfühlen. Das braucht eine Weile.

Ab und zu werden Sie in Ihre alte Rolle zurückfallen. Das ist normal. Wenn Sie eine neue Sprache lernten, wäre die Versuchung genauso groß, die alten Ausdrücke zu benutzen. Manchmal tun Sie es aus Bequemlichkeit oder weil Ihnen die neuen Vokabeln noch fehlen.

Sie werden es nicht schaffen, von einem Tag auf den anderen den ganzen Stress hinter sich zu lassen und über Nacht ein vollkommen entspannter Mensch zu werden. Aus einer Coachpotato wird auch nicht durch eine einzige Trainingseinheit ein(e) SpitzensportlerIn. Schade eigentlich, aber auch das kann man ganz gelassen sehen und dann weiterüben.

ACT: Das Mittel der Wahl

Eine einfache Rechnung:
3 × F = 0

Damit Sie »ACT« richtig verstehen, beschäftigen wir uns erst einmal mit drei Strategien, die im alltäglichen Leben nicht richtig funktionieren. Menschen haben sie über Jahrtausende in der Wildnis entwickelt. Da sie uns das Überleben gesichert haben, sind sie fest in uns verankert. Das bedeutet jedoch nicht, dass wir sie bis in alle Ewigkeit fortsetzen müssen.

Wir können die Automatik abschalten, indem wir neue Verhaltensweisen trainieren. Allerdings dürfen wir dabei nicht unterschätzen, wie mächtig die drei traditionellen Reaktionen auf Gefahren sind. Gewohnheiten, zumal solche, die einst so nützlich waren, halten sich hartnäckig.

»Fliehen«, das ist die erste Überlebensstrategie in brenzligen Situationen. Wenn die Umgebung zu bedrohlich ist, zieht man einfach ein paar Kilometer weiter. Für Nomaden ist das kein großes Problem. Flucht ist eine großartige Strategie. Man bringt sich in Sicherheit. Auf einen Baum zu klettern kommt heute allerdings nicht mehr ernsthaft infrage, wenn es Konflikte mit den Nachbarn gibt. Man kann in ein Hochhaus ziehen: Das vermittelt einem vielleicht das notwendige Gefühl der Sicherheit.

Manche verschanzen sich auch heute noch in ihrer »Höhle« oder in ihrer »Burg«. Einige entziehen sich Streitigkeiten immer noch am liebsten, indem sie ausweichen. Sie suchen das Weite. Aber grundsätzlich ist Flucht in einer Zivilisation kein geeignetes Mittel mehr, Stress zu vermeiden.

Das zweite F steht für »Faustkampf«. Angriff sei die beste Verteidigung, heißt es. Ob das generell stimmt, möchte ich bezweifeln. Menschen wie Tiere bevorzugen es zu fliehen, wenn sie die Möglichkeit dazu haben. Kämpfe tragen stets das Risiko von schweren Verletzungen oder gar tödlichen Wunden in sich. Deshalb ist das Kämpfen nur in Ausnahmesituationen eine geeignete Methode, mit Bedrohungen umzugehen.

Aggressionen schaden dem friedlichen Zusammenleben. Wer andere bedroht, ist schnell isoliert. Kaum jemand mag Raufbolde, Streithähne oder Kampfhunde. Faustkämpfe mögen in ritualisierter Form in bestimmten Sportarten noch ihren Platz haben. Im Alltag haben sie weitgehend ausgedient. Nur diejenigen, die ihre Konflikte untereinander friedlich mit Worten auszutragen verstehen, kommen weiter.

Und das dritte F? Was bedeutet es? »Festfrieren«! Die Strategie des Totstellens wird häufig übersehen. Ständig wiederkehrend ist von der Kampf-Flucht-Reaktion die Rede. Dabei überleben Tiere in der Wildnis manchmal dadurch, dass sie tot umfallen, allerdings nur zum Schein. Die Angreifer glauben sich ihrer Beute sicher und verschieben das Fressen auf später. Dadurch kann das vermeintliche Opfer noch rechtzeitig entwischen. Sicher hat sich der eine oder andere Mensch auf diese Weise ebenfalls das Leben gerettet.

Totstellen benutzen nicht wenige Zeitgenossen immer noch bei ihrem Versuch, im Alltag zurechtzukommen. Rechnungen? Nicht öffnen, sondern einfach in eine Schublade zu den anderen drücken. Mahnungen? Einfach obendrauf packen. Behördenschreiben? Noch nie gesehen. Beleidigungen? So tun, als ob man taub ist.

Ebenso wie Flucht und Faustkampf ist das Festfrieren nicht generell zu verurteilen. Die drei haben ihren festen Platz im Verhaltensrepertoire der Post-Neandertaler, die wir nun einmal sind. Nicht zufällig besitzen wir aufgrund der evolutionären Entwicklungsgeschichte drei Denkapparate, von denen zwei den Namen Reptilien- beziehungsweise Säugetiergehirn tragen. Wenn man überwiegend diese einsetzt, braucht man sich jedoch über entstehende Ähnlichkeiten nicht zu wundern.

An dieser Stelle möchte ich alle erlösen, die darauf warten, endlich zu hören, dass die drei Steinzeitstrategien im Englischen *fight, flight and freeze* heißen. Das mag man eleganter finden. Aber die Übersetzung »Faustkampf, Flucht und Festfrieren« scheint mir ganz passabel.

$3 \times F = 0$: Das ist leider die Gesamtnote, die ich den überkommenen Überlebensstrategien ausstellen möchte. BiologInnen und EvolutionstheoretikerInnen mögen das anders sehen. Aber die meisten sind sich einig, dass Flucht, Kampf und Totstellen dem Leben in Großstädten eher abträglich sind. Welche Probleme will man mit der Keule erledigen? Wie weit kommt man auf der Karriereleiter, indem man sich totstellt? Was trägt es zum Gelingen einer Beziehung bei, wenn man vor Konflikten flüchtet?

Abseits von Kriegsgebieten oder No-go-Areas liegt der Wert der F-Strategien bei null.

Das Leben ist paradox

Kämpfen, fliehen, totstellen: Was früher das Leben retten konnte, funktioniert heute in der Regel also nicht mehr. Schlimmer noch – diese Strategien erhöhen den Stress. Wer Ärger mit dem Chef hat, kann diesen nicht einfach an die Wand drücken. Es ist daher zwecklos, den Körper auf eine tätliche Auseinandersetzung vorzubereiten. Angst vor der Zukunft zu entwickeln ist sinnlos. Man kann vor ihr nicht fliehen. Sich in einem Konflikt totzustellen trägt nicht dazu bei, ihn zu lösen.

Erinnern Sie sich an den Vergleich mit den ungebetenen Gästen, den ich im Kapitel über den Weg der Achtsamkeit gezogen habe? Je stärker man sie bekämpft, desto mehr verdirbt man sich die Party. Würde man das Fest fluchtartig verlassen, wäre man die verhassten Besucher los, aber die Feier ebenso. Sich in eine Ecke zurückziehen und sich nicht mehr zu regen würde den Spaß sicher beenden.

Nicht wenige Menschen versuchen mithilfe einer Therapie, ihre negativen Gefühle, Gedanken und Handlungen loszuwerden. Wenn sie sich jahrelang jede Woche intensiv in allen Einzelheiten mit ihren Problemen beschäftigen, brauchen sie sich nicht zu wundern, dass diese nicht verschwinden, sondern oft sogar noch quälender werden.

Andere möchten ihre schlechten Erinnerungen und sorgenvollen Zukunftsfantasien im Alkohol ertränken oder in einer rosa Wolke auflösen. In der Apotheke gibt es einige Chemikalien, die denselben Zweck erfüllen sollen, nämlich den Geist zu betäuben. Im Volksmund heißen sie sehr treffend »Scheißegal-« oder »LMAA-Pillen«. Auf Dauer erweisen sich diese Mittel als Scheinlösungen, die Körper und Geist ruinieren.

Viel zu arbeiten verhilft manchen zeitweise zur Flucht vor ihren persönlichen Problemen. Sie wollen diese mit Aktenbergen und pausenlosen Geschäftsreisen ersticken. Dummerweise bleiben die ungebetenen Gäste ihnen andauernd auf den Fersen. Wie beim Wettlauf zwischen Hase und Igel rufen die Probleme immerzu: »Ich bin schon da.«

Paradoxerweise werden die negativen Gedanken, die unangenehmen Gefühle und die drängenden Probleme oft geringer, wenn man sie akzeptiert. Sie gehören zum Leben dazu. Jeder hat sie. So wie jeder einen

Schatten hat. Stellen Sie sich vor, dieser würde Sie stören. Indem Sie mit ihm kämpfen, werden Sie ihn nicht los. Sie können nicht vor ihm fliehen. Er folgt Ihnen millimetergenau. Wenn Sie sich in einer dunklen Kammer verstecken, scheint er weg zu sein. Das Problem ist, dass Sie damit auch das Licht ausschließen. Die einzig vernünftige Art, mit dem Schatten umzugehen, besteht darin, ihn als gegeben zu akzeptieren. Sie werden ihn zwar nicht los, aber er kann Sie in keiner Weise hindern, ein erfülltes Leben zu führen.

Schatten stellen kein Problem dar. Erst der Gedanke, er sei schlecht und man müsse ihn loswerden, macht ihn zu einem. Sobald man den Stress auslösenden Gedanken fallenlässt, verschwindet das Problem wieder. Der Schatten bleibt, was er immer war: eine simple Tatsache. Menschen haben einen Schatten und manchmal sogar zwei.

Während das ABC der Gefühle und des Handelns darauf zielt, Stress hervorrufende Gedanken zu unterlassen beziehungsweise zu korrigieren, geht die ACT-Strategie einen anderen Weg. Negative Gedanken und Gefühle werden weitgehend akzeptiert. Stress, egal, wie er zustande kommt, nimmt man als gegeben hin. Man versucht nicht, das Denken zu optimieren, sondern schert sich weniger darum.

A steht für das Akzeptieren. Wenn Sie ACT anwenden, kämpfen Sie weniger und tolerieren mehr. Sie fliehen nicht, sondern lassen Störendes stärker zu. Anstatt angesichts von Problemen festzufrieren, bewegen Sie sich unerschrocken weiter auf Ihre Ziele zu.

Solange man kämpft, flieht oder erstarrt, stehen die Probleme im Mittelpunkt. Indem man sie akzeptiert und sich auf seine eigentlichen Ziele und die schönen Dinge des Lebens fokussiert, rücken die Widrigkeiten an den Rand des Bewusstseins.

Das Bewusstsein ist wie ein Lichtstrahl. Es ist begrenzt und kann nicht alles auf einmal wahrnehmen. Diesen Umstand kann man sich zunutze machen, indem man das Licht von den Dingen, die einem nicht gefallen, ablenkt und es stattdessen auf die Gegenstände richtet, die man mag. Akzeptieren heißt hier so viel wie loslassen, um sich den Sachen zuzuwenden, die man bevorzugt. Es bedeutet also nicht dasselbe wie lieben.

Viele machen den Fehler zu glauben, sie müssten lernen, alles zu lieben. Ich habe Zweifel, ob das gelingen kann. Meist entsteht dadurch nur Scheinheiligkeit. Andererseits ist es pure Zeitverschwendung, etwas oder jemanden zu hassen. Die Alternative liegt im Akzeptieren. Warum sollte man sich mehr mit Problemen beschäftigen als mit Lösungen? Warum mehr mit Schwächen als mit Stärken? Warum mehr mit Abneigungen als mit Vorlieben?

Gedanken Gedanken
sein lassen

Die Erkenntnis, dass uns nicht die Dinge selbst, sondern die Meinungen darüber beunruhigen, hat weitrei-
chende Folgen. Am Rande sei vermerkt, dass nicht die
Tatsache, dass ich diesen Satz mehrfach wiederhole, ir-
gendjemanden nerven kann, sondern nur die unvernünftige Meinung, ich DÜRFE das NICHT tun.

Epiktet führte dazu aus, dass der Tod an sich nichts
Schreckliches sei, vielmehr sei die Meinung, er sei etwas
Schreckliches, das Erschreckende. Er bezieht sich dabei
auf Sokrates, der zum Tode verurteilt worden war und
den Giftbecher in aller Seelenruhe ausgetrunken habe.
Selbst Umstände, die die meisten als furchtbar bezeichnen, bringen einen also nicht zwangsläufig aus dem inneren Gleichgewicht.

Nicht nur äußere Geschehnisse sind außerstande, uns zu stressen. Auch innere Vorgänge wie die Gedanken und Emotionen sind dazu nicht in der Lage. Wie bitte? Habe ich nicht die ganze Zeit erklärt, dass die Gedanken für unser Wohl und Wehe verantwortlich sind? Ist nicht das genau die Aussage Epiktets? Und jetzt behaupte ich das Gegenteil?

Nein, nicht das Gegenteil, nur eine Ergänzung, die Sie sofort verstehen werden. Damit Gedanken einen beunruhigen können, muss man sie ernst nehmen. Man muss sie glauben. Leider halten wir die meisten Gedanken, egal, ob die eigenen oder die der anderen, automatisch für wahr. Ein bisschen mehr Skepsis könnte einen davor bewahren, so häufig in Stress zu geraten.

Nehmen wir an, jemand nennt Sie eine »fette, hässliche Qualle«. Das trifft Sie nur, wenn Sie es insgeheim für wahr halten oder wenn Sie glauben, alle müssten immer furchtbar nett zu Ihnen sein und Ihnen nichts als Komplimente machen. Würde eine Person Sie als »bunt karierte dreieckige Radkappe« titulieren, wäre das genauso verkehrt, aber in diesem Fall würden Sie nicht glauben, dass irgendetwas davon zuträfe.

Bei der ACT-Strategie nimmt man Gedanken generell nicht besonders ernst. Man akzeptiert, dass es Gedanken gibt und sie in einem unaufhörlichen Strom durch unseren Kopf ziehen. Man toleriert, dass andere ihre Gedanken äußern, egal, was sie sagen. Das Denken ist nützlich, soweit man es zum Planen konkreter Ziele einsetzt. Es ist hingegen wenig hilfreich, wenn man vergangene Ereignisse immer wieder durchkaut oder sich die Zukunft schwarz ausmalt. Letzteres ist leider genau das, wofür viele das Denken missbrauchen.

Emotionen nimmt man bei der ACT-Strategie ebenfalls nicht allzu ernst. Man akzeptiert sie, egal, ob man sie als angenehm oder unangenehm empfindet. Die einen festhalten und die anderen loswerden zu wollen hieße, ihnen über Gebühr Aufmerksamkeit zu schenken. Man macht sein Handeln nicht von ihnen abhängig. Zwar wäre das Leben ohne Gefühle ärmer. Doch das ist kein Grund, sie in den Mittelpunkt zu stellen. Emotionen sind so unbeständig wie die Gedanken. Sie kommen und gehen. Warum sollte man so viel Aufhebens davon machen?

Manche fragen sich pausenlos, wie sie sich fühlen. Damit tun sie sich keinen Gefallen; denn Gefühle sind kein verlässlicher Kompass. Vieles, was uns guttut, macht keinen Spaß. Umgekehrt ist manches ein Vergnügen, was negative Konsequenzen nach sich zieht. Beispielsweise ist das Lernen mitunter anstrengend. Tonfolgen, Vokabeln und mathematische Formel müssen vielfach wiederholt werden. Die Erfolge sprechen dann für sich. Andererseits empfinden viele das Essen von Süßigkeiten als lustvoll – mit dem Ergebnis, dass sie immer dicker werden.

Wenn die Gedanken und die Gefühle nicht so wichtig sind, was dann? Handeln! Bei der ACT-Strategie kommt es auf das Tun an. Daher der Name. Man spricht ihn wie das englische Wort für »handeln« (also »äkt«). A steht für *accept* gleich »akzeptieren«, C für *choose*, also »wählen«, und T für *take action* gleich »handeln«. Um Letzteres noch einmal zu unterstreichen, lautet das Akronym ACT: HANDELN!

Warum ist das Handeln wichtiger als das Denken und Fühlen? Weil am Ende nur zählt, was man getan hat. Denken Sie nur an die zahlreichen Friedensgespräche. Unterdessen gehen die Kriegshandlungen weiter. Auch im Umweltschutz gehen Denken, Reden und Tun weit auseinander. Wenn die Menschheit so weitermacht wie bisher, ist eine Klima- und Umweltkatastrophe unausweichlich, egal, wie viele Konferenzen noch abgehalten werden. Nicht die Zahl der unterzeichneten Abkommen wird über die Zukunft entscheiden, sondern das konkrete Handeln der Staaten.

Für jeden einzelnen Menschen ist sein Tun wichtiger als sein Denken und Fühlen. Wussten Sie, dass Anthony Quinn die Schlussszene in »Alexis Zorbas«, in der er einen Sirtaki tanzt, mit gebrochenem Fuß gespielt hat? Hätte er seine Gefühle, die bestimmt nicht angenehm waren, über sein Handeln gestellt, wäre die Kulturgeschichte um einen hervorragenden Film ärmer.

Das Köln Concert von Keith Jarrett ist mit vier Millionen Stück die meistverkaufte Jazz-Soloaufnahme aller Zeiten. Nicht nur seine Fans, auch zahlreiche Kritiker halten die Klavierimprovisation für eines der besten Stücke, das je ein Jazzpianist gegeben hat.

In der Nacht vor dem Konzert hatte Jarrett kaum geschlafen. Am Morgen stieg er ins Auto und fuhr den langen Weg von Lausanne nach Köln. Als er dort ankam, war das von ihm gewünschte Klavier nicht geliefert worden. Es wurde noch nach einer Alternative gesucht. Jarrett versuchte, etwas Schlaf nachzuholen. Ohne Erfolg. Übermüdet und hungrig versuchte er, wenigstens etwas zu essen. Im Restaurant wurde er jedoch so spät bedient, dass er vor Konzertbeginn kaum Zeit hatte, mehr als ein paar Bissen zu sich zu nehmen. Der einzige Konzertflügel, der zur Verfügung stand, war in keinem guten Zustand. Die Pedale waren schwergängig. Einige Tasten so verklemmt, dass er im Konzert nur eine eingeschränkte Tastatur benutzen konnte. Jarrett wollte das Konzert unter diesen Umständen eigentlich absagen. Mühsam konnte er zum Bleiben überredet werden. Mit fast einer Stunde Verspätung trat er schließlich am 24. Januar 1975 kurz vor Mitternacht in der Kölner Oper auf und spielte ein überragendes Konzert.

Hätte Jarrett auf seine Gedanken gehört und sich nach seinen Gefühlen gerichtet, wäre das Konzert ausgefallen. So aber hat er in dieser Nacht Jazzgeschichte geschrieben.

Anfangen zu leben

Akzeptieren ist der erste Schritt. Es wäre aber unbefriedigend, sich darauf zu beschränken. Das Leben macht erst dann richtig Spaß, wenn man sich reizvolle Ziele setzt und täglich darauf hinarbeitet. Das heißt nicht, dass man mit den Gedanken andauernd in der Zukunft weilt. Nein, beides gehört zusammen: eine leitende Idee von der Zukunft und das auf die Verwirklichung der Vorstellungen gerichtete Handeln in der Gegenwart.

»Check deine Möglichkeiten«, so interpretiere ich hier das C aus der ACT-Strategie. Im Englischen steht es für *choose what you want*: »Wähle, was du willst.« Eine Wahl setzt voraus, dass man die infrage kommenden Optionen prüft und sich am Ende für eine entscheidet.

»Tu das Bestmögliche« lautet der dritte und entscheidende Schritt. Ohne Handeln bleiben die Träume, was sie am Anfang immer sind: Luftschlösser. ACT erinnert daran, dass wir handeln müssen. Wir bewegen uns selbstverständlich immer im Rahmen des uns Möglichen. Bevor man fliegen kann, muss man erst einmal eine Flugerlaubnis erwerben. Um sie zu bekommen, ist es unumgänglich, alles zu lernen, um ein Flugzeug steuern zu können. Das Lernen wiederum setzt voraus, dass man sich die Zeit dafür nimmt und das Geld für die entsprechenden Kurse hat. Deshalb überlegt man die optimalen Schritte zum Ziel sehr gründlich.

Und wo bleibt der Stress? Genau darum geht es: Die ACT-Strategie bezweckt, sich um die Verwirklichung lohnender Ziele zu kümmern und die damit verbundenen Schwierigkeiten zu akzeptieren. Das »Leiden« bekommt einen Sinn. Wenn man weiß, wofür man sich einsetzt und die angestrebten Ziele den inneren Bedürfnissen entsprechen, fällt es leichter, Unannehmlichkeiten in Kauf zu nehmen.

Der Volksmund sagt: »Wer nichts hat, hat was.« Soll heißen: Wer sich keine sinnvollen Ziele setzt, beschäftigt sich vorzugsweise mit seinem Stress. Gespräche über Krankheiten, Unfälle, Todesfälle, Scheidungen und das miese Wetter füllen den Raum, der eigentlich den Träumen, den konkreten Plänen, den nächsten Schritten und den bereits erzielten Erfolgen vorbehalten sein sollte. »Lieber Stress als gar nichts« ist keine gute Devise.

ACT geht über den Stress hinaus. Indem man Probleme als gegeben akzeptiert, beendet man das Lamentieren darüber und denkt lieber über Lösungen nach. Man fragt sich, was als Nächstes zu tun ist, und setzt sich dann in Bewegung. Übrigens kann der nächste Schritt auch darin bestehen, eine Pause zu machen. ACT ist nicht identisch mit dem weitverbreiteten Arbeitswahn, der eher darüber hinwegtäuschen soll, dass man keine sinnvollen Ziele hat. Aktionismus ist das Gegenteil der ACT-Strategie.

Nehmen wir an, jemand lebt in einer schönen, ruhigen Gegend, die zukünftig in der Flugschneise eines geplanten Flughafens liegen soll. Je nachdem, wie man darüber denkt, löst das mehr oder weniger Stress aus. In einer Umgebung mit Fluglärm zu wohnen ist jedenfalls nicht die reine Freude. Die Tatsache, dass die Stadt einen neuen Flughafen bauen will, gilt es zu akzeptieren. Ebenso die Folgen, die zu erwarten sind. Nun checkt man seine Möglichkeiten: umziehen, den Flughafenbau verhindern, Schallschutz einbauen und so weiter. Welche Option man wählt, muss jeder selbst entscheiden. Danach gibt es so oder so viel zu tun. Eine Initiative gegen den Flughafenbau ins Leben rufen, Protestmaßnahmen organisieren, rechtliche Schritte prüfen oder den Umzug planen, sich einen Arbeitsplatz am neuen Wohnort suchen und so weiter.

Jammern und Nichtstun wären die schlechtesten Alternativen. Leider sind sie am verbreitetsten. ACT ist das geeignete Mittel dagegen, ein Mittel der Wahl zwischen allen in Betracht kommenden Möglichkeiten. Wenn man es sich gut überlegt, werden bessere darunter sein als sinnloser Stress und tiefe Resignation.

Im Folgenden schauen wir uns die drei ACT-Schritte im Einzelnen an.

Radikale Akzeptanz

Wie schafft man es nun, Situationen oder Dinge zu akzeptieren, die einem eigentlich vollkommen gegen den Strich gehen? Sicherlich möchten die meisten gerne gelassener sein. Sie wissen, dass sie sich zu oft ärgern, zu schnell enttäuscht sind und sich selbst vor eigentlich harmlosen Ereignissen zu sehr ängstigen. Aber wie soll das Akzeptieren mehr als ein frommer Wunsch bleiben? Bestimmte Dinge kann man einfach nicht hinnehmen, oder?

Glücklicherweise ergänzen sich die drei hier vorgestellten Wege zur Gelassenheit. Indem man meditiert, lernt man, die Position eines neutralen Beobachters einzunehmen. Der Drang, immer sofort einzugreifen, nimmt ab. Man gewinnt Zeit, die Ereignisse zunächst vorurteilsfrei zu betrachten. Voreilige Schlüsse und ebensolches Handeln werden zunehmend vermieden.

Durch das ABC der Gefühle ist man in der Lage, seine Meinungen zu analysieren und irrationales Denken zu minimieren. Übertreibungen, Dramatisierungen und absolute Forderungen lässt man nicht mehr als ein angemessenes Abbild der Realität durchgehen, sondern erkennt sie als das, was sie sind, nämlich emotional stark aufgeladene Denkfehler. Man ersetzt sie durch entspanntere Gedanken.

Das ABC der Gefühle ist äußerst hilfreich, wenn es darum geht, Geschehnisse, die man vehement ablehnt, zu akzeptieren. Hinter der mangelnden Intoleranz steckt in der Regel ein MÜSSEN: Das DARF doch NICHT wahr sein! Wenn man so denkt, macht man sich das Akzeptieren unmöglich. Absolute Forderungen sind Ausdruck einer falschen Einschätzung der Welt und der Rolle, die man darin spielt. Keiner von uns ist Gott. Wir regieren nicht die Welt, auch wenn manche sich das einbilden. Wir sind Teil der Natur und stehen nicht über ihr, selbst wenn wir das häufig vergessen.

Deshalb ist es sinnlos, sich so aufzuspielen, als sei man gottähnlich. Wo steht geschrieben, dass die Dinge so sein MÜSSEN, wie man das gerne hätte? Wer sagt, was sein DARF und was NICHT? Nicht einmal die Rechtsordnung kann einem da weiterhelfen, weil sie nur einen Ausschnitt der Lebenswirklichkeit regeln kann. Und wer regelt den Rest? Sie? Ich? Lehmann? Schulze? Müller?

Je eher man von seinem eingebildeten Herrscherthron herunterkommt, umso besser. Indem man keine absoluten Forderungen stellt, öffnet man die Tür, die gegenwärtige Realität leichter akzeptieren zu können. Es ist okay, Wünsche zu haben. Schritt zwei, »Check deine Möglichkeiten«, ermutigt ausdrücklich dazu. Aber darauf zu bestehen, dass die äußere Welt den inneren Vorstellungen entspricht, ist kontraproduktiv. Dadurch bekommt man einen Tunnelblick.

Stellen Sie sich vor, Sie stehen vor einer verschlossenen Tür. Sie rufen: »Sesam, öffne dich!« Nichts tut sich. Sie schreien: »SESAM, ÖFFNE DICH!« Aber die Tür hat kein Einsehen. Sie treten dagegen. Jetzt schmerzt Ihr Fuß. Sie rütteln an der Klinke, trommeln gegen die Tür. Keine Reaktion. Als Sie schließlich mit Ihrem Latein am Ende sind und erschöpft zu Boden sinken, sehen Sie, dass sich neben Ihnen weitere Türen befinden, mit dem Unterschied, dass diese offen stehen. Durch die Verengung Ihres Blickwinkels hatten Sie sie nicht wahrgenommen und nicht bemerkt, dass andere mühelos hindurchgegangen sind, während Sie sich an Ihrer verschlossenen Tür abgearbeitet haben.

Um im Bild zu bleiben: Erst wenn man akzeptiert, dass bestimmte Türen verschlossen sind, weitet sich der Blick, und man entdeckt andere Möglichkeiten, seinen Weg fortzusetzen.

Dieses Gleichnis ist zugleich ein Beispiel für eine unproduktive F-Strategie, und zwar den Faustkampf.

Aggressionen bringen im modernen Alltag wenig. Kreative, intelligente Lösungen sind heute gefragt.

Das Akzeptieren fällt leichter, wenn man die reinen Tatsachen sieht und sich Stressgedanken erspart. Radikale Akzeptanz bedeutet den völligen Verzicht auf absolute Forderungen. Das lässt sich trainieren.

Das Gelassenheitsgebet erfreut sich großer Beliebtheit. Es besagt Folgendes: Gott gebe mir die Gelassenheit, Dinge hinzunehmen, die ich nicht ändern kann, den Mut, Dinge zu ändern, die ich ändern kann, und die Weisheit, das eine vom anderen zu unterscheiden.

Leider scheitern die meisten an der praktischen Umsetzung. Schlimmer noch: Sie entwickeln den unvernünftigen Mut, das Unabänderliche ändern zu wollen, bringen die irrationale Gelassenheit auf, Dinge hinzunehmen, die änderbar sind, und verwechseln dadurch das eine mit dem anderen.

Gelegentlich gehen Meldungen durch die Presse, dass Menschen ihr Gedächtnis oder zumindest einen Teil davon verloren haben. Neulich las ich einen Bericht, in dem eine Frau auf diese Weise in der Lage war, alte Familienstreitigkeiten zu begraben. Sie hatte schlichtweg vergessen, mit wem sie eigentlich verfeindet war. Warum warten, bis man das Gedächtnis verliert?

Check deine Möglichkeiten

Mit diesem Schritt fällt das Akzeptieren noch leichter. Anstatt sich auf die unerwünschten Dinge zu konzentrieren, wendet man sich lieber seinen Zielen zu. Was möchte man gerne erleben? Heute, in dieser Woche, in diesem Monat, in diesem Jahr, in diesem Leben?

»Check deine Möglichkeiten«, das steckt hinter dem C. Im Englischen steht C für *choice* oder *choose what you want*. Wer ACT von der Acceptance-and-Commitment-Therapie her kennt, erwartet an dieser Stelle den Begriff *commitment*. *Commitment* ist eines der Lieblingswörter amerikanischer RatgeberInnen. Es bedeutet »Verpflichtung«. Mir missfällt diese Bezeichnung. Während *choice* auf die Freiheit der Wahl zwischen vielen Möglichkeiten hinweist, raubt *commitment* einem diese Freiheit sofort wieder. Von der Verpflichtung zum MÜSSEN ist es nur ein kleiner Schritt.

Außerdem halte ich David C. Hayes, der die Akzeptanz- und Commitmenttherapie (so die übliche deutsche Übersetzung!) begründet hat, nicht für den Urheber des ACT-Konzepts.

Bereits im Jahr 1986 erschien das Buch »Rapid relief from emotional distress. A new, clinically proven method for getting over depression & other emotional problems without prolonged or expensive therapy« von den Autoren Dr. Gary Emery und Dr. James Campbell. Übersetzt hieße der Titel »Schnelle Erleichterung von emotionalem Stress. Eine neue, klinisch erprobte Methode, um über Depression und andere emotionale Probleme ohne lange oder teure Therapie hinwegzukommen«. Emery und Campbell stellen in diesem Buch erstmals die ACT-Formel vor. Dr. Gary Emery ist ein hervorragender Vertreter der Kognitiven Verhaltenstherapie und hat entscheidend geholfen, diese mitzuentwickeln. Der Arzt James Campbell hat die ACT-Methode während seiner Tätigkeit als Psychiater aus der Not heraus erfunden, weil er nicht viel Zeit hatte, seinen Patienten zu helfen.

Steven C. Hayes behauptet auf seiner Website, dass er ACT zwischen 1986 und 1999 entwickelt habe. 1986 kam »Rapid relief« heraus. Zufall? 1999 veröffentlichte Hayes sein erstes Buch über die Akzeptanz- und Commitmenttherapie. Obwohl das Literaturverzeichnis ihn als fleißigen Leser ausweist, scheint er das Buch von Emery/Campbell nicht gekannt zu haben. Vielleicht war ACT einfach eine Idee, die in der Luft lag. Es wäre nicht das erste Mal, dass verschiedene Menschen etwa zur selben Zeit unabhängig voneinander eine Entdeckung gemacht haben. Jedenfalls besteht keine Notwendigkeit, Hayes als Urheber des ACT-Konzepts anzusehen.

Emery/Campbell heben hervor, dass *choice*, die Wahlfreiheit, den raschen Übergang von Stress zu Erleichterung ermöglicht. Man kann sich tagein, tagaus mit den eigenen Schwierigkeiten beschäftigen und zusätzlich noch die Probleme der Welt obendrauf packen. Oder man sieht die Dinge weniger dramatisch, akzeptiert, dass es wenig gibt, was perfekt ist, und wendet sich etwas Erfreulichem zu. Zu den Möglichkeiten, unter denen man wählen kann, gehören immer auch Optimismus und Problemlösungen. ACT leugnet die Beschwernisse des Lebens nicht, geht aber anders damit um.

Choose what you want. Checke deine Möglichkeiten. Manchmal weiß man sofort, was man möchte. Dann kann man zum nächsten Schritt übergehen. Ein anderes Mal braucht man Zeit, sich über seine Wünsche, Träume und Ziele klar zu werden. Darüber nachzudenken ist jedenfalls hilfreicher, als sich pausenlos darin zu ergehen, was einem nicht gefällt.

Limitierende Vorstellungen können es einem unmöglich machen, die eigenen Wünsche in den Vordergrund zu rücken. »Das schaffe ich sowieso nicht«, »Ich darf nicht so egoistisch sein« und ähnliche Gedanken sind wahre Wunschkiller. Im Rahmen der ACT-Strategie akzeptiert man solche Denkfehler. Man nimmt sie wahr, lässt sich von ihnen aber nicht aufhalten. Man erfüllt sich seine Träume trotzdem. Oder man stellt die limitierenden Gedanken mit dem ABC infrage. »Ich schaffe das sowieso nicht« ist eine voreilige Schlussfolgerung. »Ich darf nicht so egoistisch sein« stellt klassisches MUSS-Denken dar, das gerne in den Varianten SOLLTE oder DARF NICHT daherkommt. »Ich versuch's einfach mal« und »Ich darf für meine Rechte einstehen« wären Beispiele für ein Denken, das einen weiterbringt.

Tu das Bestmögliche

Nichtstun bekommt den meisten Menschen schlecht. Ihre Gedanken schweifen dann oft in die Vergangenheit. Vor allem negative Erinnerungen werden wieder und wieder hervorgeholt: an Menschen, die einem Unrecht getan haben, an Fehler, die man sich nicht verzeihen will, an verpasste Gelegenheiten und an vieles mehr. Das Grübeln über die Zukunft sieht nicht unbedingt besser aus: Wird man seine Ziele erreichen? Was ist, wenn man die Prüfung nicht besteht, den Karrieresprung nicht schafft, wenn man das Haus verkaufen muss oder die Umwelt kaputtgeht? Wo soll das alles enden? Aber auch derjenige, der an die Gegenwart denkt, schafft sich aus heiterem Himmel Probleme, indem er immer wieder beklagt, was ihm fehlt. Die Befürchtung, dass man zu klein, zu groß, zu hässlich, zu schön, zu jung, zu alt, zu produktiv oder zu erfolglos sei, beschäftigt mehr Menschen und länger, als dies gut ist.

Deshalb ist das Handeln der dritte wesentliche Bestandteil der ACT-Strategie. Man vergegenwärtigt sich seine Möglichkeiten, wählt diejenige aus, die einem momentan am besten gefällt, und macht sich an die Arbeit. Damit meine ich keine gigantischen Anstrengungen – es handelt sich schließlich um ein Gelassenheitstraining –, sondern die Aktionen, die notwendig sind, um den Wunsch wahr werden zu lassen. Das kann so etwas Banales sein wie einen Apfel aus der Küche zu holen und ihn zu essen. Aber auch so etwas Komplexes wie der Aufbau eines eigenen Unternehmens.

Der eine pflanzt einen Birnbaum. Ein anderer komponiert ein Lied. Ein Dritter sucht sich neue Freunde. Nur die Fantasie begrenzt die Möglichkeiten.

Nun mag es ausgerechnet an dieser Stelle Probleme geben. Gerade das Tun fällt vielen schwer. Die besten Ideen scheitern an der Umsetzung. Man hat keine Lust, oder es mangelt am Mut, entschlossen auf das Ziel zuzugehen.

An dieser Stelle sieht man gut, wie sich die drei ACT-Strategien gegenseitig unterstützen. Was macht man mit der Unlust? Man akzeptiert sie und setzt das Handeln fort. Indem man im konkreten Tun aufgeht, vergisst man die Unlust. Stattdessen erfreut man sich an der Verwirklichung seiner Wünsche. Oder man checkt seine Möglichkeiten, die Aktivitäten lustvoller zu gestalten. Wie geht man mit Ängsten um? Man toleriert sie und macht weiter. Oder man checkt seine Optionen, die Angst zu verringern, beispielsweise durch eine ABC-Analyse. Eines der drei Elemente der ACT-Methode passt fast immer. Manchmal hilft das Akzeptieren. Ein andermal bringt einen das Checken von Alternativen weiter. Oder man löst das Problem, indem man aktiv wird.

ACT ist von Pragmatismus geprägt. Das Akzeptieren macht kein Ereignis ungeschehen. Aber es versetzt einen in die Lage, nach vorne zu blicken. Beim Checken der Möglichkeiten, wie man seinen Weg fortsetzen will, kommen alle Alternativen in Betracht, die man sich gegenwärtig vorstellen kann. Mit der Zeit erschließt man sich fast immer weitere Optionen. Ausgeschlossen ist das Unmögliche. Reine Utopien haben im Rahmen der ACT-Strategie keinen Platz. Ebenso beim Handeln. Man macht das Bestmögliche. Nicht das, was man sich vielleicht erträumt oder was ein anderer tun könnte, sondern die Schritte, die das Beste darstellen, wozu man derzeit fähig ist. Mit zunehmender Übung wachsen die Fähigkeiten, sodass das Bestmögliche etwas anderes sein kann als zu Beginn.

Wem es schwerfällt anzufangen, kann erst einmal winzige Schritte machen. Machbarkeit wird bei ACT großgeschrieben. Vielleicht arbeitet man in Zehn-Minuten-Intervallen oder macht schon nach einer Minute eine Pause. Nicht wenige müssen als Anfänger akzeptieren, dass sie ungeschickt sind und keine Ausdauer haben. Keine Sorge: Das gibt sich. Bedenken Sie, dass ein Schritt in der Realität mehr wert ist als tausend in Gedanken.

T steht nicht für »Träume«, sondern für »Taten«.

ACT trainieren

Die drei Elemente dieser Technik kann man einzeln üben:

1. Wie lernt man, etwas zu akzeptieren?

Überlegen Sie sich, was Sie daran hindert, bestimmte Dinge zu bejahen. Warum können Sie diese Sache nicht zulassen? Am besten ist es, wenn Sie dazu eine ABC-Analyse erstellen:

- Wie fühlen Sie sich?
- Was ist passiert?
- Was geht Ihnen durch den Kopf?

Prüfen Sie Ihre ablehnenden Gedanken:

- Wie möchten Sie sich fühlen?
- Was hätte eine Kamera aufgezeichnet?
- Stimmt das, was Sie denken?
- Welche Beweise sprechen für Ihre Überlegungen, welche dagegen?
- Helfen Ihre Gedanken Ihnen, sich so zu fühlen, wie Sie es möchten?
- Enthalten Ihre Gedanken Fehler? Welche?

Achten Sie besonders darauf, ob Sie Stress erzeugende absolute Forderungen an sich, an andere oder an Ihre Umwelt stellen:

- Warum MUSS das so sein, wie Sie es sich vorstellen?
- Warum DARF es NICHT sein, wie es ist?
- Wieso SOLLTE dies anders sein?

Untersuchen Sie die sich daraus ergebenden Antworten:

- Stimmt das?
- Hilft mir das?

Beispiel: Ihre Tochter wirft mit dem Löffel Pudding gegen die Fensterscheibe. Sie sind total wütend. Was können Sie nicht akzeptieren?

a) Meine Tochter darf nicht mit Pudding werfen.

b) Ich muss anschließend alles wieder sauber machen.

c) Ich stehe sowieso schon unter Zeitdruck.

d) Kinder dürfen sich nicht so danebenbenehmen.

e) Sie macht mir ständig Ärger.

f) Heute ist es wieder ganz schlimm.

g) Meine Tochter soll gehorchen und alles so machen, wie ich es ihr sage.

Ich will das nicht im Einzelnen analysieren. Das können Sie inzwischen selbst, wenn Sie das ABC der Gefühle trainiert haben. Nur ein paar Hinweise: Es geht nicht darum, dass Sie Ihrer Tochter erlauben, Pudding durch die Wohnung zu werfen. Vielmehr ist die Frage, wie Sie Ihre Nerven behalten und das Verhalten Ihres Kindes einigermaßen entspannt stoppen, ohne das Mädchen zu beschimpfen.

Ihre Tochter wird nie alles genau so tun, wie Sie es ihr sagen. Kinder dürfen sich danebenbenehmen. Alle Kinder tun dies. Ich bin als Kind mit dem Hammer durch die Wohnung gezogen und habe mit großer Freude überall kleine Nägel in Fußleisten geschlagen. Das mache ich heute nicht mehr. Warum nicht? Weil ich kein Kind mehr bin. Ich habe mir die ganze Tube Handcreme meiner Mutter auf die Haare gedrückt, so wie ich es bei ihr gesehen habe, leider mit der falschen Tube eine zu große Menge zur falschen Zeit. Und Sie? Wie haben Sie sich als Kind danebenbenommen?

Also finden Sie das MUSS in Ihren Gedanken.

Was können Sie noch tun?

Lernen Sie vergeben und vergessen. Verzeihen Sie sich, anderen und der Welt, dass Sie nicht perfekt sind. Es ist leichter, unerfreuliche, unangenehme Dinge zu akzeptieren, wenn man sich immer wieder vergegenwärtigt, dass fast nichts vollkommen ist und dass es keinen Sinn macht, darauf zu bestehen, es sei anders, als es ist.

Beschäftigen Sie sich mit dem, was Sie nicht mögen, nur so lange, wie es unvermeidbar ist. Checken Sie Ihre Möglichkeiten.

Beispiel: Wer kann den Pudding von der Fensterscheibe entfernen? Sie, Ihre Tochter, Ihr(e) PartnerIn, Ihre Mutter, Ihr Vater, eine Putzhilfe? Wann ist der beste Zeitpunkt? Jetzt, im Laufe des Tages, am Wochenende, vielleicht in einem Jahr?

Es besteht keine Notwendigkeit, sich an diesen Vorfall häufig zu erinnern, allen davon zu erzählen und pausenlos zu klagen. Machen Sie aus einer Mücke keinen Elefanten und aus einem Elefanten keinen Dinosaurier. Falls Ihre Gedanken zu dem Ereignis zurückkehren, akzeptieren Sie es. Lassen Sie sich dadurch nicht aufhalten, etwas Erfreuliches zu unternehmen. Machen Sie weiter. Die Sache ist vorbei. Blicken Sie nach vorne. Überlegen Sie sich, was Sie aus dem Tag machen wollen.

Damit sind wir beim Training des nächsten Schritts.

2. Wie lernt man, seine Möglichkeiten zu checken?

Für viele dürfte dies der einfachste Punkt sein. Die Beantwortung der Fragen »Was möchte ich?«, »Welche Bedürfnisse habe ich?« oder »Welche Wünsche will ich verwirklichen?« fällt ihnen leicht.

Schwieriger kann es werden, wenn man sich abtrainiert hat, seine innersten Wünsche wahrzunehmen. Nicht selten ist es Angst, die verhindert, sich einzugestehen, was man wirklich möchte. Was würden die anderen dazu sagen? Was passiert, wenn es nicht klappt? Wie stehe ich dann da? Könnte ich so viel Glück überhaupt aushalten, wenn meine Träume wahr werden? Wer bin ich denn, solche kühnen Pläne zu wagen?

Ängste akzeptiert man im Rahmen der ACT-Strategie. Man benutzt sie nicht als Ausrede. Oder man macht eine ABC-Analyse. Dadurch verlieren die beängstigenden Gedanken ihre Kraft.

Prüfen Sie Ihre Möglichkeiten. Schreiben Sie sie auf ein Blatt Papier oder legen Sie eine neue Datei in Ihrem Computer an: Was würde mir gefallen? Was wäre nicht schlecht, wenn es Wirklichkeit würde?

Optionen gibt es wie Sand am Meer. Beruf, Arbeitsplatz, Aufgaben, Geld, Karriere, Partnerschaft, Kinder, Familie, Haus/Wohnung, Möbel, Kleidung, Reisen, Abenteuer, Bildung, Freundschaft, Frieden, Gerechtigkeit, Freiheit, Gesundheit, Glück, Gelassenheit und Weisheit stellen nur eine kleine Auswahl dar. Die Palette reicht von einem Löffel Vanilleeis bis zur Verbesserung der Welt.

Was reizt Sie am meisten?

Wählen Sie etwas aus. Falls Sie sich nicht entscheiden können, glaube ich Ihnen das nicht. Sie können schon, aber wollen Sie sich auch entscheiden? Befürchten Sie, eine falsche Wahl zu treffen und Ihr Glück zu riskieren?

Ich hoffe, Sie wissen, was als Nächstes kommt: Akzeptieren Sie Ihre Unsicherheit und entscheiden Sie sich trotzdem. Gehen Sie Risiken ein. Wenn Sie sich weiterentwickeln wollen, müssen Sie Ihre Komfortzone ausweiten. Ohne Einsatz bleibt alles beim Alten. Sie wundern sich vielleicht, warum Sie seit Jahren keine Fortschritte in Ihrer Entwicklung machen. Aber wie soll sich etwas ändern, wenn der heutige Tag genauso verläuft wie der gestrige und der morgige wie der heutige? Dadurch schaffen Sie sich zwar ein Gefühl der Sicherheit, treten aber auf der Stelle.

Sie brauchen sich nicht in irgendwelche Aktivitäten zu stürzen. Überlegen Sie sich in Ruhe, was Sie wollen, und dann fangen Sie an.

3. Wie lernt man, das Bestmögliche zu tun?

Wie lernt man überhaupt zu handeln? Die Umsetzung der guten Vorsätze ist oft der schwierigste Schritt. Indem Sie meditieren, lernen Sie, sich auf eine Sache zu konzentrieren, zum Beispiel auf das Atmen. Sie richten die Aufmerksamkeit auf das Ein- und Ausatmen und lassen sich durch alles andere nicht stören. Egal, welche Gedanken und Gefühle auftauchen, egal, ob diese angenehm oder unangenehm sind: Sie machen weiter mit der Beobachtung des Atems.

Diese Einstellung, die Sie auf dem Weg der Achtsamkeit üben, hilft Ihnen auch auf dem Weg zu Ihren Zielen. Sie konzentrieren sich aufs Handeln und lassen sich durch nichts ablenken. Man spricht zwar achtlos von ablenkenden Störungen, aber in Wahrheit gibt es weder Störungen, noch besitzen diese die Kraft, Sie ablenken zu können.

Falls Sie nicht gewohnt sind, so zu denken, wird Sie diese Erkenntnis überraschen. In Wirklichkeit gibt es nur Tatsachen. Ob Sie diese als Störung oder als Hilfe betrachten, ist Ihre Entscheidung. Am geschicktesten ist es oft, »Störungen« als Signale zu deuten, sich wieder auf das Handeln zu konzentrieren.

Als kleine Übung benutze ich jetzt weiter das Wort »Störung«, weil ich weiß, dass es eine Herausforderung für meine LektorInnen und alle OberlehrerInnen ist, wenn ein Autor ein bestimmtes Wort längere Zeit nicht abwechselt. Wären wir nicht darauf konditioniert worden, dies als Störung zu empfinden, hätten wir überhaupt kein Problem damit. Störungen wohnt keine Kraft inne und schon gar nicht die, sich ablenken zu lassen. Das bewerkstelligt man vielmehr durch die eigenen Gedanken. Wenn Sie eine »Störung« zum Anlass nehmen, sich aus dem Konzept bringen zu lassen, machen Sie daraus eine Störung. Anderenfalls ist die »Störung« das, was sie von Anfang an war: irgendein Ereignis im Strom des unendlichen Geschehens.

Neulich las ich ein Interview mit einem Sportler. Der Reporter fragte ihn, wie es ihm gelungen sei, sich durch die Rufe des Publikums in seiner Konzentration nicht stören zu lassen. Der Sportler fragte zurück: »Was für Rufe?« Er hatte sie überhaupt nicht wahrgenommen, weil er vollkommen auf die vor ihm liegende Aufgabe konzentriert war.

Im Zen lautet die Anweisung nicht: »Achte auf deine Gedanken; achte auf deine Gefühle; nimm jede Störung zum Anlass, dein Tun zu unterbrechen.« Sondern: »Tue, was du tust.«

Die Beschränkung auf das Bestmögliche ist wiederum Ausdruck des Pragmatismus. Sie ist anspruchsvoll und bescheiden zugleich. Nicht das Unmögliche verlangt man sich ab, wohl aber das Beste des Möglichen.

Zum Schluss

Gelassenheit ist keine ernste Angelegenheit. Nicht zufällig spricht man von heiterer Gelassenheit. Das im Rheinland verbreitete »kölsche Jrundjesetz« mit Artikeln wie »Et es wie et es«, »Et kütt wie et kütt« oder »Et hätt noch emmer joot jejange« stellt diese Einstellung sehr schön unter Beweis.

In der amerikanischen Unabhängigkeitserklärung ist »The Pursuit of Happiness« verankert. Vielleicht wäre es besser gewesen, das Streben nach Gelassenheit als unveräußerliches Recht aller Menschen zum Ausdruck zu bringen. Nach Glück zu streben kann ein mühsames Geschäft werden, wie die Geschichte der USA seit 1776 eindrucksvoll bewiesen hat.

Damit Ihnen das nicht passiert, sondern das Gelassenheitstraining eine erfreuliche Erfahrung für Sie wird, folgen noch einige wichtige Tipps.

Danach zeige ich Ihnen weitere Trainingsmöglichkeiten: Bücher, die Sie lesen könnten, wenn Sie weiter in das Thema einsteigen möchten, und andere Hilfen, die die Umsetzung des Gelesenen erleichtern.

Was Sie unbedingt noch wissen sollten

Akzeptieren Sie, dass man das Gelassensein trainieren muss, wenn es einem leichtfallen soll. Übung macht bekanntlich die MeisterIn. Jede Fähigkeit muss erarbeitet werden. Sonst wird sie nicht erworben oder geht wieder verloren. Nehmen wir an, Sie wollten Spanisch lernen. Von allein passiert nichts. Nur indem Sie Wort für Wort, Satz für Satz trainieren, werden Sie des Spanischen mächtig. Am Anfang ist es noch schwierig, die Aussprache zu beherrschen und sich an die Redewendungen zu erinnern. Aber durch ständige Wiederholung wird es immer besser. Sollten Sie dann viele Jahre lang nur noch Spanisch sprechen, werden Sie Mühe haben, sich in Deutsch auszudrücken, weil Sie in Ihrer Muttersprache inzwischen ungeübt sind.

Mit Gelassenheit ist es nicht anders. Ihre »Muttersprache« ist Stress. Deshalb müssen Sie sich das »Vokabular« des entspannten Denkens und Handelns erst Schritt für Schritt erarbeiten. Es fällt Ihnen nicht zu. So wie Ihnen das Durchlesen eines Buches, wie man Spanisch lernt, allein nicht helfen wird, die Sprache zu beherrschen, bleibt der Einfluss dieses Buches auf Sie gering, wenn Sie es nach dem Lesen für immer ins Regal stellen. Nur dadurch, dass Sie täglich meditieren, auf Ihre Gedanken achten, Stress auslösende Fehler im Denken korrigieren, akzeptieren, was Ihnen missfällt, und Ihre Aufmerksamkeit stattdessen weiter auf die Realisierung Ihrer Wünsche richten, kommen Sie Ihrem Ziel näher.

Wenn Sie diesen Lernprozess täglich über Jahre konsequent fortsetzen, haben Sie Ihre »Muttersprache« Stress weitgehend vergessen.

Akzeptieren Sie, dass Sie nicht perfekt werden. Niemand beherrscht eine Sprache vollkommen. Der Duden umfasst circa 140 000 Einträge. Das sind mehr Wörter, als die meisten Menschen in ihrem Leben jemals verwenden werden. Dazu kommen noch zahlreiche Fachsprachen, die nur die Angehörigen bestimmter Berufe gebrauchen, beispielsweise MedizinerInnen, JuristInnen, ArchitektInnen und IngenieurInnen.

Auch die »Sprache« der Gelassenheit lernen die meisten nicht vollkommen. Trotzdem ist der Unterschied zwischen den »Analphabeten« auf diesem Gebiet und den Geübten auffällig. Während die einen sich nahezu ununterbrochen über etwas ärgern, sich wegen Kleinigkeiten ängstigen und bei Misserfolgen sofort deprimiert sind, lassen sich die anderen fast nur noch von echten Katastrophen vorübergehend aus dem emotionalen Gleichgewicht bringen.

Eine der wenigen, die unerschütterliche Ruhe erlangt haben, ist möglicherweise die amerikanische Seminarleiterin Byron Katie. Sie hat nach einer schweren inneren Krise zwei Jahre lang täglich für mehrere Stunden ihr Denken so intensiv trainiert, dass sie schließlich nichts mehr fand, worüber sie sich ärgerte, sich Sorgen machte oder unglücklich wurde.

Nach meinem Eindruck üben nur diejenigen dermaßen intensiv, die zuvor die Hölle durchlebt haben. Nur so entsteht in der Regel eine so starke Motivation, das Ziel stoischer Gelassenheit zu erreichen.

Wenn Sie wissen möchten, wo ich in Bezug auf unser Thema stehe: Ich bin mit dem Grad an Gelassenheit, den ich erreicht habe, sehr zufrieden. Ich ärgere mich gelegentlich, bin selten traurig, habe meine Ängste so weit abgelegt, dass ich alles tun kann, was ich möchte. Die meiste Zeit bin ich relativ entspannt, auch wenn ich weiß, dass ich noch besser werden könnte, wenn ich regelmäßiger meditieren würde. Ich habe gelernt, das meiste zu akzeptieren, inklusive meiner Schwächen, und kann Ihnen versichern, dass dies sehr wohltuend ist. Ich finde es spannender, an meinen Zielen zu arbeiten, als mich über die Widrigkeiten des Alltags aufzuregen.

Ein gewisses Maß an Stress gehört zum Leben. In Experimenten hat sich herausgestellt, dass Fische unter idealen Lebensbedingungen eine kürzere Lebenserwartung haben, genauso wie diejenigen, die ständig gestresst sind. Bei Letzteren überrascht einen das nicht, wohl aber bei den Auserwählten. Am besten kommen die zurecht, die ein paar Herausforderungen überstehen müssen.

Die Tatsache, dass Stress zum Leben dazugehört, sollte man aber nicht als ständige Ausrede benutzen. Folgende Stressskala kann bei der Suche nach einem gut erträglichen, vielleicht sogar belebenden Maß an Stress als Orientierung dienen. Sie reicht von 0 bis 100. 0 bedeutet, nicht den geringsten Stress zu spüren. 100 ist der Punkt, an dem eine größere Belastung nicht vorstellbar ist. Wenn überhaupt, sollte man 80 bis 100 nur alle paar Jahre erreichen. 40 bis 70 dürfte zu Beginn des Trainings normal sein. 10 bis 30, das ist die Zone, die man durch das Gelassenheitstraining anstrebt. Ab und zu wird es vorübergehend Ausschläge nach oben und unten geben. Größerer Stress wird die Ausnahme bilden.

Manchmal erlebt man vollkommene innere Ruhe. Aber auch dieser Zustand geht vorüber, es sei denn, man macht ihn wie Byron Katie oder der Buddha zur Lebensaufgabe. Am häufigsten tritt er beim Gelassenheitstraining während der Meditation auf.

Ernest Rossi schlägt in seinem Buch »20 Minuten Pause« vor, alle zwei Stunden für zwanzig Minuten eine Pause zu machen, in der man Körper und Geist zur Ruhe kommen lässt. Er meint, dies würde unserem ursprünglichen, natürlichen Rhythmus entsprechen. Ich habe seine Empfehlung einmal ausprobiert und muss sagen, dass die Wirkung phänomenal ist. Ich kann mich nicht erinnern, jemals so entspannt gewesen zu sein wie an den Tagen dieses intensiven Trainings. Andererseits habe ich gemerkt, dass ich eine so vollkommene Ruhe als Normalzustand nicht anstrebe. Aber es ist gut zu wissen, dass eine solche Intensivkur möglich ist.

Beginnen Sie Ihr Training lieber langsam. Für einige dürfte zu viel Entspannung am Anfang unerträglich sein. Sie ist eine so unbekannte Seinsweise geworden, dass man sich erst wieder daran gewöhnen muss, bevor man sie genießen kann.

Am Anfang wird manchen schmerzhaft bewusst werden, wie gestresst sie sind. Lassen Sie sich davon nicht abschrecken. Üben Sie, auch wenn es schwerfällt. Gerade dann. Ihre alten Stressgedanken werden versuchen, Sie vom Training abzuhalten. Sie werden staunen, wie viele Ausreden Sie finden werden. Akzeptieren Sie diese Tatsache und trainieren Sie trotzdem.

Da Sie sich selbst schon genug Gründe gegen das Gelassenheitstraining einfallen lassen werden, ist es besser, mit anderen nicht darüber zu sprechen, dass Sie daran arbeiten, ausgeglichener zu sein. Sonst versorgen

Ihre FreundInnen Sie womöglich mit weiteren Vorbehalten.

An ihren Früchten sollt Ihr sie erkennen: Dieser Satz gilt nicht nur bei der Suche nach einem guten Gemüsehändler, sondern auch für die Wirkung Ihres Gelassenheitstrainings. Anstatt darüber zu reden, warten Sie lieber, bis die anderen merken, dass Sie sich verändert haben.

Akzeptieren Sie, dass andere Gelassenheit nicht trainieren. Die Welt wäre mit Sicherheit angenehmer, wenn fast jeder etwas für seine Entspannung täte. Aber im Moment ist es einfach nicht so. Gehen Sie anderen mit gutem Beispiel voran. Vielleicht wollen diese Ihnen dann irgendwann folgen.

Geben Sie die Hoffnung auf, dass Sie eines Tages die Drei-Minuten-superleicht-sofort-Entspannungsmethode entdecken werden, die Sie der Notwendigkeit eines aufwendigen Trainings enthebt. Alle halbe Jahre kommt eine »neue« Wunderentspannungsmethode auf den Markt. Aber das sind nur Werbetricks. Entweder helfen die Techniken nicht, oder sie setzen ebenfalls ein längeres Training voraus.

Die Wege zur Gelassenheit sind seit Jahrtausenden bekannt. Ich sage in diesem Buch nichts Neues. Das bedeutet aber nicht, dass die hier vorgestellten Strategien *allen* bekannt wären. Das Gegenteil ist der Fall. Die meisten suchen in der Außenwelt nach einer Lösung für Ihren Stress. Viele landen am Ende bei Alkohol,

Drogen oder Medikamenten. Diese können jedoch Entspannung nicht ersetzen.

Psychologisch gesehen leben wir noch im Neandertal. Die innere Entwicklung hat mit dem technischen Fortschritt nicht Schritt gehalten. Zwar ist Analphabetismus heute die Ausnahme. Achtzig bis neunzig Prozent aller Menschen können lesen und schreiben. Aber wie viele können mit ihren Gefühlen umgehen?

Neue Methoden zur Stressbewältigung sind nicht zu erwarten. Da der Mensch sich nicht geändert hat, wird ihm das, was ihm vor einigen tausend Jahren geholfen hat, auch in Zukunft von Nutzen sein. Im Grunde sind Achtsamkeit, das ABC der Gefühle und des Handeln sowie die ACT-Strategie zeitlos.

Die eigentliche Aufgabe besteht darin, dass das Gelassenheitstraining so selbstverständlich wird wie das Laufenlernen.

Hören Sie nie auf zu trainieren. Lesen Sie dieses Buch einmal im Monat, danach zweimal im Jahr. Falls Sie das Training gegen meinen Rat schleifen lassen oder eines Tages ganz beenden, fangen Sie erneut an, wenn Sie merken, dass Ihr Stresslevel wieder steigt.

Manchmal braucht man einen Rückfall, bevor man sich entschließt, täglich zu üben – ein Leben lang. Ich weiß, wovon ich spreche, weil ich selbst einmal aufgehört habe zu trainieren. Ich steckte in großen emotionalen Problemen. Dann entdeckte ich das ABC der Gefühle, und alles wurde gut. Ich beendete das Training, und meine Schwierigkeiten kehrten zurück, sodass ich wieder von vorn beginnen musste.

Achten Sie darauf, dass Sie sich beim Gelassenheitstraining entspannen. Alles andere wäre widersinnig.

Weitere Trainingsmöglichkeiten

Es kann eine Falle sein, nach immer weiteren Büchern zu schauen, anstatt das Training tatsächlich zu beginnen. Die folgenden Tipps sind daher kein Ersatz für das notwendige Handeln, sondern nur eine Ergänzung zum schon vorhandenen Wissen.

1. Achtsamkeit

Bücher über Achtsamkeit werden meist von BuddhistInnen geschrieben. Deshalb kauft man die Lehren der jeweiligen buddhistischen Schule gleich mit. Das muss kein Nachteil sein, kann die Sache aber unnötig verkomplizieren. Es kann leicht der Eindruck entstehen, als sei Achtsamkeit etwas wahnsinnig Kompliziertes.

Dasselbe gilt für Bücher über Meditation. Besonders Zen-Meister schreiben trotz ihrer erklärten Liebe für das Einfache über die korrekte Sitzhaltung oft ganze Kapitel.

Deshalb möchte ich keine spezielle Buchempfehlung abgeben. Als Anfänger würde ich mir immer ein möglichst dünnes Buch ohne viel Ideologie kaufen. Das Üben ist in jedem Fall wichtiger als das Lesen.

Meditation kann man in Yoga-Schulen lernen oder in einem buddhistischen Zentrum. In einigen deutschen Städten kann man Kurse von Acem besuchen. Das ist eine norwegische Organisation, die sich zum Ziel gesetzt hat, Meditation frei von ideologischen und religiösen Bezügen zu vermitteln.

Jon Kabat-Zinn, ein amerikanischer Molekularbiologe, hat 1979 eine Klinik gegründet, in der er zusammen mit seinen MitarbeiterInnen Stressbewältigung unterrichtete. Seine Techniken zur Schulung der Achtsamkeit sind im Prinzip die gleichen wie im Yoga oder Buddhismus. Das Verfahren nannte er »Achtsamkeitsbasierte Stressreduktion« (Mindfulness Based Stress Reduction, MBSR). Entsprechende Kurse werden auch in Deutschland angeboten.

2. Das ABC der Gelassenheit

Gewissermaßen die Urform finden Sie in den Schriften von Epiktet. Sehr knapp, aber in ihrer Konsequenz bis heute unübertroffen.

In den 1950er-Jahren wurde seine Philosophie zum Kern zweier Psychotherapie-Schulen: der Rational-Emotiven Verhaltenstherapie nach Albert Ellis und der Kognitiven Therapie nach Aaron T. Beck. Deren Bücher sind eine Fundgrube für alle, die sich näher mit dem Zusammenhang zwischen dem Denken, Fühlen und Handeln beschäftigen wollen.

Sehr gute Bücher zu diesem Thema haben ferner einige Kollegen der beiden geschrieben, zum Beispiel David Burns, Gary Emery und Maxie Maultsby. In Deutschland behandeln Doris Wolf und Rolf Merkle konsequent das ABC der Gefühle in ihren Büchern.

3. Die ACT-Strategie

Die Bücher von Gary Emery dazu sind schwer zu bekommen, aber sehr lesenswert.

Steven Hayes, der Begründer der Akzeptanz- und Commitmenttherapie, konnte mit der Kognitiven Therapie nichts anfangen, als er seine emotionalen Probleme lösen wollte. Anstatt seine Denkfehler zu korrigieren, stellte er nur noch kompliziertere Gedankengänge an. Dass er dazu neigt, einfache Sachverhalte beim Schreiben schwierig darzustellen, merkt man auch seinen Büchern an.

Lesbarer und überzeugender sind zum Beispiel die Werke von Russ Harris.

Nicht direkt zur ACT-Methode zählen die Bücher von Larry Winget. Sie enthalten jedoch mehr Wahrheiten als viele weichgespülte Ratgeber. Winget fordert zum Handeln auf, und das unmissverständlich. Seinen Stil kann man rau, aber herzlich oder provokant-unverschämt finden.

In den Büchern der genannten Autoren finden Sie meist umfangreiche Literaturverzeichnisse, mit deren Hilfe Sie sich weitere Schriften erschließen können.

4. Teams, Gruppen, Therapeuten und Coaches

Die Erfahrung zeigt, dass offenbar nur wenige erfolgreich allein trainieren können. Deshalb kann es eine Überlegung wert sein, sich eine oder mehrere Personen zu suchen, die ebenfalls ein Gelassenheitstraining nach diesem Buch machen. Regelmäßige, verbindliche Treffen unterstützen das konsequente Üben.

Eine entscheidende Hilfe, entspannter zu denken und zu handeln, kann auch ein(e) TherapeutIn oder ein(e) CoachIn sein. Es gibt einige, die sich auf Stressbewältigung und Gelassenheitstraining spezialisiert haben. So kann man Probleme bei der Umsetzung des Gelesenen leichter überwinden. Wenn Sie die Kosten berücksichtigen, die durch Stress entstehen, dann fallen die Ausgaben für ein professionelles Gelassenheitstraining kaum ins Gewicht.

Egal, wofür Sie sich entscheiden:

*Der beste Zeitpunkt
zum Üben ist immer jetzt.*

Trau dich!

320 Seiten. ISBN 978-3-424-63079-4

Dieses Buch räumt mit dem kulturellen Mythos auf, dass Verletzlichkeit Schwäche bedeutet. Im Gegenteil: Sie ist die Quelle von Liebe, Freude, Zugehörigkeit und Kreativität. Unter Brené Browns behutsamer Anleitung entdecken wir die Kraft, die wir hinter unseren Schutzpanzern verbergen, und entwickeln den Mut, Großes zu wagen. Der Nr.-1-Bestseller aus den USA.

kailash

Überall, wo es Bücher gibt, und unter www.kailash-verlag.de

Nina Ruges persönlichstes Buch

256 Seiten. ISBN 978-3-424-63071-8

In einer Welt, in der sich alles rasend schnell ändert, müssen wir uns mit verändern. Immer schneller, immer radikaler. Wo finden wir Frieden, Stille und tief empfundene Lebendigkeit? Nina Ruge zeigt, dass es für uns alle *einen* Ort gibt, an dem wir ganz wir selbst und in Kontakt mit unserer größten Kraft sein können – und diesen Ort tragen wir in uns.

Überall, wo es Bücher gibt, und unter www.kailash-verlag.de

Vertrauen macht erfolgreich

224 Seiten. ISBN 978-3-424-63092-3

Kontrolle führt ans Ziel, doch erst Vertrauen führt aufs Siegertreppchen – niemand weiß das besser als die zwölffache Goldmedaillengewinnerin Verena Bentele, denn sie ist von Geburt an blind. Die Ausnahmesportlerin, die sich politisch für behinderte Menschen einsetzt, zeigt: Vertrauen lässt sich (wieder) lernen.

»Eine tolle Frau, die Maßstäbe gesetzt hat.« *NDR Talkshow*

Überall, wo es Bücher gibt, und unter www.kailash-verlag.de